国家社会科学基金军事学项目
（项目编号：16GJ003-058）

大别山红色基因代代传工程建设研究

吴长权　李国亮　卓爱平　吕　杰　王川飞　胡梅生 ◎ 著

安徽大学出版社

图书在版编目(CIP)数据

大别山红色基因代代传工程建设研究/吴长权等著. —合肥:安徽大学出版社,2021.7
ISBN 978-7-5664-2242-2

Ⅰ.①大… Ⅱ.①吴… Ⅲ.①革命传统教育－研究－中国 Ⅳ.①D642

中国版本图书馆 CIP 数据核字(2021)第 111655 号

大别山红色基因代代传工程建设研究
DaBieShan HongSe JiYin DaiDaiChuan GongCheng JianShe YanJiu

吴长权 等著

出版发行：	北京师范大学出版集团 安徽大学出版社 (安徽省合肥市肥西路3号 邮编230039) www.bnupg.com.cn www.ahupress.com.cn
印　　刷：	合肥远东印务有限责任公司
经　　销：	全国新华书店
开　　本：	170 mm×240 mm
印　　张：	14.25
字　　数：	160 千字
版　　次：	2021年7月第1版
印　　次：	2021年7月第1次印刷
定　　价：	36.00元

ISBN 978-7-5664-2242-2

策划编辑：陈　来　齐宏亮　吴泽宇		装帧设计：李　军　孟献辉
责任编辑：吴泽宇		美术编辑：李　军
责任校对：范文娟		责任印制：陈　如　孟献辉

版权所有　侵权必究

反盗版、侵权举报电话:0551—65106311
外埠邮购电话:0551—65107716
本书如有印装质量问题,请与印制管理部联系调换。
印制管理部电话:0551—65106311

序

翁 飞

从江西于都中央红军长征集结出发地到甘肃高台中国工农红军西路军纪念馆,从沂蒙山老区华东革命烈士陵园到大别山老区金寨县红军纪念堂、鄂豫皖苏区首府革命博物馆……党的十八大以来,习近平遍访革命故地、红色热土,每次对新时代弘扬革命精神、传承红色基因作出重要指示,多次强调要"把红色资源利用好、把红色传统发扬好、把红色基因传承好"。

大别山是一座与江西井冈山、延安宝塔山齐名的三大革命历史名山之一。大别山是中国革命的重要策源地之一、人民军队的重要发源地之一、中华人民共和国的重要奠基石之一。大别山是红军的故乡、将军的摇篮。在这片神奇的红色土地上,大别山军民在党的领导下一心向党、胸怀全局、浴血奋战、不胜不休,无数先烈为革命而献身,永恒的红色记忆镌刻着我党我军的无上光荣,见证着那激荡人心的峥嵘岁月,写下了"二十八年红旗不倒"的传奇,锻造了伟大的大别山精神,熔铸了独具特质的大别山红色基因。

2013年2月,习近平主席视察兰州军区部队时强调指出,西北地区红色资源丰富,是延安精神发源地,要发扬红色资源优势,深入进行党史军史和优良传统教育,把"红色基因"一代代传下去。① "红色基因"的概念被首次正式提出。2016年1月,他在视察十三集团军参观军史馆时,对"半截皮带"的故事感触很深,强调指出:"部队中像这样的红色资源很多,要发掘好、运用好,丰富'红色基因代代传'工程内涵,加强党史军史和光荣传统教育,确保官兵永远听党话、跟党走。"② 这是习近平主席首次明确提出"红色基因代代传"概念和"丰富'红色基因代代传'工程内涵"的重要论断。

习近平主席近年来两次深入大别山革命老区考察调研,对弘扬大别山精神、推进大别山红色基因代代传高度重视,作出了重要指示。2016年4月,他考察位于大别山腹地的安徽金寨,参观金寨县革命博物馆时深情地说:"革命传统教育要从娃娃抓起,既注重知识灌输,又加强情感培育,使红色基因渗进血液、浸入心扉,引导广大青少年树立正确的世界观、人生观、价值观。"③ 2019年9月,习近平主席考察鄂豫皖苏区首府河南新县,强调指出:"鄂豫皖苏区根据地是我们党的重要建党基地,焦裕禄精神、红旗渠精神、大别山精神等都是我们

---

① 《兰州军区实施"红色基因代代传"工程》,《解放军报》,2014年11月01日01版。
② 习近平:《论中国共产党历史》,北京:中央文献出版社,2021年,第107页。
③ 习近平:《论中国共产党历史》,北京:中央文献出版社,2021年,第108页。

党的宝贵精神财富。"①这个重大论断首次明确了鄂豫皖苏区根据地在党的历史上的重要地位,大别山精神在中国共产党精神谱系中的重要地位。习近平主席还对大别山红色基因代代传作出了明确指示,他强调指出:"要讲好党的故事、革命的故事、根据地的故事、英雄和烈士的故事,加强革命传统教育、爱国主义教育、青少年思想道德教育,把红色基因传承好,确保红色江山永不变色。"②习近平主席对"红色基因代代传"工程建设尤其是对大别山红色基因传承的重要论述是新时代推进大别山红色基因代代传工程建设的科学指南。如何在新时代弘扬大别山精神、在新的历史起点上体系化设计、工程化推进大别山红色基因代代传是既是一个重大的理论问题,更是一个时代性的实践课题。

《大别山红色基因代代传工程建设研究》是陆军炮兵防空兵学院吴长权、李国亮等几位青年学者所著。该书贯彻习近平主席考察部队和大别山革命老区的重要讲话精神,立足新时代弘扬大别山精神的宏大视野,全面探究了大别山红色基因赓续传承的基本理论问题和重大实践问题。这是一本有创建的论著。从我党我军红色文化基因微观的角度,提炼出大别山红色基因内涵实质是"历挫弥坚的理想信念、不胜不休的

---

① 《坚定信心埋头苦干奋勇争先 谱写新时代中原更加出彩的绚丽篇章》,《人民日报》2019年09月19日01版。
② 习近平:《论中国共产党历史》,北京:中央文献出版社,2021年,第111页。

斗争精神、敢于牺牲的大局观念、依靠群众的宗旨意识、艰苦奋斗的革命本色"，符合实际、独具特色、表述精准，蕴含了大别山精神的浓厚积淀；从党和国家基因库探根溯源的角度，指出大别山红色基因是我党我军红色基因的重要源头之一、是大别山革命斗争"二十八年红旗不倒"的精神力量之源、是中国共产党人红色基因谱系的重要组成部分，标定了大别山红色基因的重要历史地位；从回望大别山革命历史的角度，廓清了大别山红色基因传承的历史轨迹，总结了大别山红色基因代代相传的基本经验。这些是作者在深入系统思考上提出的新认识，系统构建了大别山红色基因代代传的理论体系。该书在全面分析制约大别山红色基因传承的主要因素及其原因的基础上，秉持体系化设计、工程化推进的思路，紧贴时代要求，从加强理论研究、加快资源建设、创新方法手段、构建体制机制、建强骨干队伍等五个方面，创新性提出了加快推进大别山红色基因代代传工程建设的对策措施，系统构建了大别山红色基因代代传工程建设的实践体系。

全书呈现了以下几个特点：

一是注重统一性。坚持将"大别山红色基因代代传工程建设"作为一个科学问题，历史、全面、深入开展研究，深入挖掘与大别山红色基因形成、赓续传承的重要历史事件、突出历史人物，秉持论从史中出，强化学理性支撑，较为系统构建了大别山红色基因代代传研究的理论体系。同时，又遵循理论逻辑与实践逻辑统一的思维线索,跳出仅从学术理论探讨的局限,重点探究了新时代推进大别山红色基因代代传工程建设的实现路径,构建了大别山红色基因代代传工程建设的实践体系,实现了学术研究与实践应用相统一。

二是强化系统性。本书对大别山红色基因的科学内涵、历史地位、时代价值、形成发展的历史脉络、赓续传承的基本经验等基本理论问题进行了系统研究,在分析大别山红色基因传承制约因素的基础上,对新时代推进大别山红色基因代代传工程建设进行了系统性体系化的实践探索。该书主体部分的五章内容环环相扣、层层递进,形成一个有机整体,填补了该领域完整性、系统性研究的空白。

三是突出时代性。今年是中国共产党建党一百周年。百年大党,风华正茂,恰是少年,靠的就是中国共产党人在百年奋斗征程中铸就的红色基因代代相传。目前全党正在开展党史学习教育,就是要教育引导全党大力发扬红色传统、传承红色基因,赓续红色血脉,鼓起迈进新征程、奋进新时代的精气神。该书丰富了大别山红色基因代代传时代内涵,就如何加快推进大别山红色基因代代传工程建设给予了时代性的回答。

四是富有启发性。本书尝试界定了基因与红色基因、革命精神与红色基因、大别山精神与大别山红色基因等基本概念,阐释了其内在的区别与联系、论说有力;凝炼大别山红色基因的内涵实质、赓续传承的基本经验给人以理论的思考；提出新时代推进大别山红色基因代代传工程建设的路径对策，具有较强实践指导意义。另外，本书采用大众化的语言风格，将讲道理与讲故事相融通，寓事于理，深入浅出，努力做到学术的严谨性、史实的准确性、表达的通俗性三者有机统一，是一本值得研读的学术著作。

对大别山红色基因代代传工程建设研究，是一个新的时代课题，需要全国尤其是鄂豫皖三省的军地学者进一步加强对大别山红色基因代代传的研究。相信作者会以已有的研究成果为基点，紧跟时代步伐，不断提出新见解、推出新成果。

2021 年 5 月 1 日

（作者系安徽省文史研究馆馆员、安徽历史文化研究中心主任、研究员）

目　录

导　论 …………………………………………………… 1

第一章　大别山红色基因的本质内涵与地位作用 ………… 20

第一节　大别山红色基因的内涵实质 ……………………… 20
一、历挫弥坚的理想信念 ……………………………… 21
二、不胜不休的斗争精神 ……………………………… 25
三、甘于牺牲的大局观念 ……………………………… 28
四、依靠群众的宗旨意识 ……………………………… 32
五、艰苦奋斗的革命本色 ……………………………… 36

第二节　大别山红色基因的历史地位 ……………………… 41
一、我党我军红色基因库的重要源头 ………………… 42
二、"二十八年红旗不倒"的力量之源 ………………… 45
三、引领中国革命取得胜利的精神之旗 ……………… 47

第三节　大别山红色基因的时代价值 ……………………… 49
一、为推进党的建设新的伟大工程提供丰富资源经验 … 49
二、为塑造社会主义核心价值体系提供重要精神引领 … 53
三、为实现党在新时代的强军目标提供丰厚政治滋养 … 55
四、为推动大别山老区的振兴发展提供强大精神动力 … 57

第二章　大别山红色基因赓续的历史轨迹 …………… 59

第一节　中国共产党创建与大革命时期孕育 …………… 60

第二节　大别山地区"三大武装起义"中萌芽 …………… 63

第三节　鄂豫皖苏区革命根据地斗争中形成 …………… 65

第四节　华中敌后抗日烽火中发展 …………… 68

第五节　创建大别山解放区中成熟 …………… 70

第六节　社会主义革命建设改革中光大 …………… 73

第三章　大别山红色基因赓续传承的基本经验 …………… 76

第一节　始终把加强革命传统教育作为传承大别山红色基因的永恒主题 …………… 77

一、坚持用大别山红色基因熔铸理想信念 …………… 77

二、坚持用大别山红色基因维护群众利益 …………… 79

三、坚持用大别山红色基因锤炼优良作风 …………… 81

四、坚持用大别山红色基因激发战斗精神 …………… 81

第二节　始终把挖掘利用红色资源作为传承大别山红色基因的基础工程 …………… 82

一、注重挖掘整合资源 …………… 83

二、强化红色资源管理利用 …………… 84

三、加大红色资源资金投入 …………… 86

第三节　始终把深化红色文化研究作为传承大别山红色基因的重点环节 …………… 87

一、重视大别山红色文化研究 …………… 88

二、编研大别山学术著作文章 …………………………… 90

　　三、开展大别山精神学研活动 …………………………… 91

　第四节　始终把创新传播形式方法作为传承大别山红色
　　　　　基因的有效途径 ………………………………… 92

　　一、创新大别山红色基因传承的教育教学体系 ………… 93

　　二、注重运用实践体验感悟大别山红色基因 …………… 94

　　三、创演红色歌曲影视传颂大别山红色基因 …………… 95

第四章　大别山红色基因传承的主要制约因素 ………… 97

　第一节　鄂豫皖根据地地位特殊、传承受限 ……………… 98

　第二节　大别山地处鄂豫皖分管、缺乏统筹 …………… 100

　第三节　大别山红色基因挖掘不够、弘扬不足 ………… 103

　第四节　大别山红色基因研究对象界定不够明晰 ……… 106

　第五节　大别山红色基因研究方法论基础亟待构建 …… 110

第五章　推进大别山红色基因代代传工程建设的对策措施 … 114

　第一节　加强大别山红色基因代代传的理论研究 ……… 115

　　一、深度挖掘大别山红色基因精神内核 ………………… 117

　　二、强力彰显大别山红色基因时代价值 ………………… 122

　　三、持续推出大别山红色基因理论精品 ………………… 126

　第二节　加快大别山红色基因代代传的资源建设 ……… 128

　　一、创建特色红色馆室 …………………………………… 130

　　二、讲好经典红色故事 …………………………………… 132

三、编写系列红色书籍 ………………………………… 138
四、创作一批红色曲舞 ………………………………… 140
五、拍摄精品红色影视 ………………………………… 142
六、打造红色旅游品牌 ………………………………… 147

第三节 创新大别山红色基因代代传的方法手段 ……… 151
一、用好传统媒体与新兴媒体的传播手段 …………… 153
二、构建资源一体化整合平台 ………………………… 158
三、发挥红色文化教研机构效益 ……………………… 160
四、创建专门化研究机构 ……………………………… 164

第四节 构建大别山红色基因代代传的机制体制 ……… 165
一、统筹领导机制 ……………………………………… 166
二、协作开发机制 ……………………………………… 168
三、制度保障机制 ……………………………………… 170
四、考核评价机制 ……………………………………… 174

第五节 建强大别山红色基因代代传的骨干队伍 ……… 175
一、打造熟知历史、造诣深厚的专家队伍 …………… 176
二、集聚精通网络、技术高超的传播人才 …………… 178
三、培养忠于传承、技能娴熟的基层骨干 …………… 179

结　语　传承大别山红色血脉　永做红军传人 ………… 182

附　录　大别山地区部分军地院校和驻军推进大别山红色
　　　　基因代代传工程建设的主要做法 ………………… 185

参考文献 …………………………………………………… 210

后　记 ……………………………………………………… 214

一、研究缘起

在我党我军长期的革命、建设和改革伟大实践中,中国共产党带领中国人民取得了革命、建设和改革的伟大胜利,同时铸就了具有我党我军特质和丰富时代内涵的伟大精神,构成了我党我军的精神谱系。红船精神、井冈山精神、大别山精神、苏区精神、长征精神、抗战精神、延安精神、西柏坡精神、雷锋精神、红旗渠精神、焦裕禄精神、两弹一星精神、载人航天精神、抗震救灾精神、抗疫精神、脱贫攻坚精神等,是我党我军在前进道路上战胜各种艰难险阻,不断取得新胜利,引领中华民族不断走向伟大复兴的宝贵精神财富。这些红色精神是一代代中国共产党人奋进的明灯,是中华儿女心中永不褪色的丰碑,积淀着我党我军的红色基因。把蕴含在这些红色精神中的红色基因赓续传承下去,关系新时代强国兴军的战略全局。

党的十八大以来,习近平主席对我党我军红色基因传承高度重视,作出了一系列重要论述,在多种场合强调要传承好红色基因。2013年2月,习近平主席在视察兰州军区部队时强调指出,西北地区红色资源丰富,是延安精神发源地,要发扬红色资源优势,深入进行党史军史和优良传统教育,把"红色基因"一代代传下去。[1] 这是习近平主席首次提出"红色基因"的概念,并对红色基因代代传提出要求。2014年4月,他在参观新疆军区某红军师师史馆时,叮嘱部队领导要把"红色基因"融入官兵血脉,让"红色基因"代代相传。2014年10月,他在出席古田全军政治工作会议时指出:"弘扬和践行社会主义核心价值观,持续培育当代革命军人核心价值观,提振当代革命军人精气神,把理想信念的火种、红色传统的基因一代代传下去。"[2] 在随后与出席全军政治工作会议的部队基层干部和英模代表共进午餐时,习近平主席语重心长叮嘱他们要带头学传统、爱传统、讲传统,带动部队官兵传承好"红色基因"、保持老红军本色。2014年12月,他在参观南京军区军史馆时指出,要把红色资源利用好、把红色传统发扬好、把红色基因传承好,教育官兵学传统、爱传统、讲传统,始终保持老红军本色。2014年,习近平主席对我党我军"红色基因代代传"问题不仅提出了明确要求,还鲜明地指出了搞好"红色基因代代传"思路对策。在党的十九大报告中,习近平主席指出:"加强军队党的建设,开展'传承红色基因、担当强军重

---

[1] 《兰州军区实施"红色基因代代传"工程》,《解放军报》,2014年11月01日01版。
[2] 习近平:《习近平论治国理政》(第二卷),北京:外文出版社,2017年,第402页。

任'主题教育,推进军人荣誉体系建设,培养有灵魂、有本事、有血性、有品德的新时代革命军人,永葆人民军队性质、宗旨、本色。"①把军队的一个主题教育写进党的报告中,在我党我军历史上还是首次,凸显了党中央和习近平主席对推进我党我军红色基因传承问题的高度重视。

对大别山红色基因代代传问题,习近平主席高度关注,在考察安徽、河南时作出了一系列重要论述。这为开展大别山红色基因代代传工程建设研究提供了理论依据和科学指南。2016年4月,他在安徽考察时第一站就是驱车一个多小时到达六安市金寨县红军广场。金寨县位于大别山腹地,是中国革命的重要策源地、人民军队的重要发源地。习近平主席向革命烈士纪念塔敬献花篮,瞻仰金寨县红军纪念堂,参观金寨县革命博物馆。他深情地说:"一寸山河一寸血,一抔热土一抔魂。回想过去的烽火岁月,金寨人民以大无畏的牺牲精神,为中国革命事业建立了彪炳史册的功勋,我们要沿着革命前辈的足迹继续前行,把红色江山世世代代传下去。革命传统教育要从娃娃抓起,既注重知识灌输,又加强情感培育,使红色基因渗进血液、浸入心扉,引导广大青少年树立正确的世界观、人生观、价值观。"②这是习近平主席对大别山红色基因传承问题作出的首次重要论述,既讲清了传承大别山红色基因的重大意义,也指出了传承大别山红色

---

① 习近平:《习近平论治国理政》(第三卷),北京:外文出版社,2020年,第42页。
② 习近平:《全面落实"十三五"规划纲要 加强改革创新开创发展新局面》,《人民日报》,2016年04月28日01版。

基因的根本方法。

2019年9月,习近平主席考察河南,第一站便来到位于大别山地区的信阳市新县的鄂豫皖苏区首府烈士陵园,瞻仰革命烈士纪念碑、纪念堂,远眺英雄山上"红旗飘飘"主题雕塑。他在参观鄂豫皖苏区首府革命博物馆时强调指出:"开展'不忘初心、牢记使命'主题教育,党员、干部要多学党史、新中国史,自觉接受红色传统教育,常学常新,不断感悟,巩固和升华理想信念。革命博物馆、纪念馆、党史馆、烈士陵园等是党和国家红色基因库。要讲好党的故事、革命的故事、根据地的故事、英雄和烈士的故事,加强革命传统教育、爱国主义教育、青少年思想道德教育,把红色基因传承好,确保红色江山永不变色。"①他在听取了河南省委和省政府工作汇报后,又强调指出:"鄂豫皖苏区根据地是我们党的重要建党基地,焦裕禄精神、红旗渠精神、大别山精神等都是我们党的宝贵精神财富。开展主题教育,要让广大党员、干部在接受红色教育中守初心、担使命,把革命先烈为之奋斗、为之牺牲的伟大事业奋力推向前进。"②习近平主席提出的大别山精神是我们党的宝贵精神财富的重要论断,肯定了大别山精神在我党我军精神谱系中的重要地位,具有划时代的历史意义。这是党的最高领导人首次提出"大别山精神"的概念,使大别山

---

① 《坚定信心埋头苦干奋勇争先 谱写新时代中原更加出彩的绚丽篇章》,《人民日报》,2019年09月19日01版。
② 《坚定信心埋头苦干奋勇争先 谱写新时代中原更加出彩的绚丽篇章》,《人民日报》,2019年09月19日01版。

及其大别山精神名至实归。从中国革命的伟大实践来看,"大别山精神"与"井冈山精神""延安精神"一样具有重要的历史地位,都是我党我军红色精神谱系源头的重要组成部分,井冈山、大别山、宝塔山都是革命之山、英雄之山、红色之山。因此,深入研究阐释大别山精神、推进大别山红色基因代代传工程建设是习近平主席赋予的一个重要的时代课题。

目前,对大别山精神和大别山红色基因赓续传承的研究还处于刚刚起步阶段,与井冈山精神、延安精神传承研究均有较大差距,迫切需要充分挖掘和深入研究大别山红色基因内涵实质,对大别山红色基因代代传进行体系化设计、工程化推进,探索新时代推进大别山红色基因代代传工程建设的方法路子,充分发挥大别山红色基因对我党我军铸魂育人作用,具有重要的理论意义和实践价值。

二、研究对象

(一)基因与红色基因

基因,一般是指生物学的概念。基因,也称之为遗传因子,是控制生物性状的基本遗传单位。一般把基因简单定义为指带有遗传信息的DNA片段。基因支持着生命的基本构造和性能,储存着生命的种族、血型、孕育、生长、凋亡等过程的全部信息。生物体的生、长、衰、病、老、死等一切生命现象都与基因有关。简言之,生物学上的基因就是遗传基因,指决定生命体的延续和传承的DNA,其基本特征是能忠实地复制自己,以保持生物的基本特征。社会文化学意义上的基因一般是指精神基因,主要是指民族文化的传承和发展。

红色基因一般指精神基因,主要是文化的赓续与传承。目前学术界对红色文化传承的研究成果很多,对红色基因的内涵尤其是对红色基因这个概念研究得还不多,概括和阐释得还不够准确、全面。有的学者这样定义红色基因:"红色基因是中国共产党在长期争取民族独立、实现人民解放的革命历程中孕育形成的宝贵精神财富和政治优势,是植根于党的肌体、流淌在党的血脉中的一种政治基因,是中国共产党人坚守的信仰、忠诚、追求与奉献,是党的事业薪火相传、血脉永续的根本,是中国共产党及其领导的人民军队的灵魂。"[①]该文以人民军队的视角,把红色基因的内涵概括为:坚定信念、不忘初心的核心理念;对党忠诚、听党指挥的政治灵魂;服务人民、拥政爱民的政治本色;实事求是、锐意创新的内在品质;勇往直前、敢于牺牲的精神风貌等五个方面。虽然下了一个定义,但是对红色基因形成于"中国共产党在长期争取民族独立、实现人民解放的革命历程中"的定性不够准确。红色基因应该是在中国共产党领导下中国革命、建设和改革全过程的实践中形成的。原兰州军区组织力量编印的《红色基因代代传》中,把"红色基因"定义为:红色基因是我们

---

① 郭秋光、王员:《浅谈红色基因的基本内涵——以人民军队为视角》,《井冈山大学学报(社会科学版)》,2018年第3期,第30页。

党领导全国各族人民和人民军队在革命、建设、改革各个历史时期孕育、积淀形成了光荣传统和优良作风,是我军性质、宗旨、本色的集中体现,承载着党和军队极其宝贵的DNA,有着深厚的思想内涵和无穷的价值力量。它穿越时空涌入官兵心中,在不同年代、不同环境、不同岗位发挥着独特作用。把红色基因的内涵概括为:高举旗帜、听党指挥的政治信念;一不怕苦、二不怕死的战斗精神;严守纪律、服从命令的自觉意识;联系群众、服务人民的根本宗旨;艰苦奋斗、无私奉献的高尚品质;实事求是、求真务实的优良作风。[1] 这个提法应该说是比较全面的,主要问题是范围上还不够宽广,指向只是我军的红色基因,还没有从全党、全民族的宏大视野去概括提炼。

刘贤伍在《把握习近平红色基因科学内涵的五个维度》一文中指出:"红色基因是在中国革命、建设和改革开放的伟大斗争与伟大实践中锻造、沉积和发展而来的先进思想分子的总和,是中国共产党人伟大革命精神的结晶和最高价值体现,是无数中国共产党人革命理想、革命意志、革命精神的真实写照,更是当代中国共产党人对革命精神的传承与创新。"[2]

综上所述,红色基因可以概括为:红色基因,是中国共产党领导全党、全军和全国各族人民在长期的革命、建设、改革历史过程中孕育、积淀形成的革命信念、革命品质、革命作风和价值

---

[1] 兰州军区政治部:《红色基因代代传》,2013年8月,第1~38页。
[2] 刘贤伍:《把握习近平红色基因科学内涵的五个维度》,《昭通学院学报》,2019年第1期,第2页。

追求,是构成我党我军红色精神的核心要素,是我党我军初心使命、性质宗旨、本色作风、人格力量的精神表达,是永葆人民江山永远红色的遗传因子,是我党我军的政治生命密码。

(二)红色精神与红色基因

精神是人类特有的,一般是指人的情感、意志等生命体征和心理状态。红色是我党我军和中华民族所特有的精神标识。目前,理论界对红色精神的科学内涵作了一些探讨,虽然表述不尽一致,但基本的含义是一致的。红色精神主要是指中国共产党领导中国革命、建设和改革的伟大实践中孕育形成的思想观念、价值取向、意志品质、道德规范和工作作风的一系列光荣传统和优良作风。在当代中国,广义上的红色精神就是革命精神,二者在概念上可以通用。

习近平主席在党史学习教育动员大会上强调,"在一百年的非凡奋斗历程中,一代又一代中国共产党人顽强拼搏、不懈奋斗,涌现了一大批视死如归的革命烈士、一大批顽强奋斗的英雄人物、一大批忘我奉献的先进模范,形成了井冈山精神、长征精神、遵义会议精神、延安精神、西柏坡精神、红岩精神、抗美援朝精神、'两弹一星'精神、特区精神、抗洪精神、抗震救灾精神、抗疫精神等伟大精神,构筑起了中国共产党人的精神谱系"。①"这一系列伟大精神,跨越时空、历久弥新,集中体现了党的坚定信念、根本宗旨、优良作风,凝聚着中国共产党人艰苦奋斗、牺牲奉

---

① 习近平:《在党史学习教育动员大会上的讲话》,《求是》,2021年第7期。

献、开拓进取的伟大品格,深深融入我们党、国家、民族、人民的血脉之中。这一系列伟大精神,蕴含着我们'从哪里来、到哪里去'的精神密码,过去是、现在是、将来仍然是我们党的宝贵精神财富,是全党同志用以滋养初心、淬炼灵魂,汲取信仰力量、查找党性差距、校准前进方向的丰富源泉,是鼓舞和激励全党全国各族人民风雨无阻、勇敢前进的强大精神动力"。①

从红色精神和红色基因的概念上可以看出,红色精神积淀着红色基因,蕴含着红色基因。红色基因是红色精神构成要素,决定着红色精神的形成、本质和赓续传承,是红色精神的微观化表达。正如习近平主席在考察安徽金寨时所指出的那样:"无论是革命战争年代还是改革开放新时期,老区人民为党和国家作出了巨大贡献。老区人民对党无限忠诚、无比热爱。老区精神积淀着红色基因。在今天奔小康的路上,老区人民同样展现出了强烈的奉献奋斗精神。"②

(三)大别山精神与大别山红色基因

大别山精神是我党我军红色精神谱系的重要组成部分,是我党我军宝贵的精神财富。学术界对大别山精神本质内涵的研究,有了一定的研究成果,存在不同的概括。大别山精神这个概念在中央层面提出得较晚,直到2019年9月习近平主席在考察河南时才首次提出正式提出。目前学术界对什么是大别山精神

---

① 人民日报评论员:《进一步发扬革命精神》,《人民日报》,2021年04月14日第01版。
② 习近平:老区精神积淀着红色基因_央广网 http://xj.cnr.cn/2014xjfw/2014xjfwgj/20160427/t20160427_522002248.shtml.

正在深化研究之中,具有代表性的概括主要有:

中共河南省委党史研究室、中共信阳市委"大别山精神"研究组,本着尊重历史、兼顾现实,体现特色、彰显价值,表述准确、通俗易记的原则,将"大别山精神"概括为"坚守信念、胸怀全局、团结一心、勇当前锋"四句话16个字。①

中共中央党史研究室的石仲泉,在河南"大别山精神"研究组形成成果的基础上,将"大别山精神"扩充概括为:"坚守信念、对党忠诚,胸怀全局、甘于奉献,依靠群众、团结奋斗,不畏艰苦、勇当先锋。"②四句话32个字。

大别山干部学院的刘晖、侯长远在《大别山精神:内容特征及传承》一文中指出:"大别山精神,是在新民主主义革命时期,大别山地区军民在中国共产党领导下,为推翻'三座大山'的统治,建立新中国,浴血奋战、百折不挠、不怕牺牲,创造的独具特色的革命精神。大别山精神同井冈山精神、延安精神、太行精神一样,都属于中国革命精神的重要组成部分。大别山精神的主要内涵,包括'坚守信念、对党忠诚,前仆后继、不怕牺牲,依靠群众、同甘共苦,胸怀大局、敢于担当'。"③

河南社科联主席李庚香在《用大别山精神铸牢党性之魂》一文中指出:"大别山精神,是指在1921年中国共产党诞生以后直

---

① 石仲泉:《大别山精神刍议》,《苏区研究》,2017年第4期,第54页。
② 石仲泉:《大别山精神刍议》,《苏区研究》,2017年第4期,第49页。
③ 刘晖、侯长远:《大别山精神:内容特征及传承》,《中国延安干部学院学报》,2016年第1期,第72页。

至新中国成立这一特定历史时期内,在大别山这一特定区域,由大别山地区的共产党人和人民群众在长期的革命斗争过程中,用鲜血和生命凝结成的一种以甘于为共产主义奋斗牺牲为价值取向的革命信念、革命意志、革命品质和革命行动的精神结晶。"①并将大别山精神概括为:"坚决彻底的革命精神,不屈不挠的斗争精神,自强不息的奋斗精神,无私无畏的献身精神。"

综上所述,大别山精神可以表述为:大别山精神是指自在新民主主义革命时期这一特定历史时期内,在大别山这一特定区域,大别山军民在中国共产党的领导下,在长达28年的革命斗争过程中,以对党无限忠诚的理想信念,浴血奋战、胸怀大局、甘于牺牲所凝结成的独具特色的革命信念、革命意志、革命品质和革命行动的革命精神。

红色基因是中国共产党人、革命军人的生命密码,蕴含着我党我军的信仰信念、性质宗旨和价值追求。打开我党我军的"红色基因库",寻根溯源,大别山革命先辈用理想和信念、意志和力量、生命和鲜血孕育、凝聚的红色基因,是我们党的革命精神形成之源,也是中国革命精神精华之所在,是我们党的宝贵精神财富。大别山红色基因作为中国共产党人的红色基因源头之一,早已融入我党我军的血脉,高高飘扬在党旗军旗上。回望大别山苦难辉煌的革命历史,所创建的鄂豫皖苏区根据地是我们党的重要建党基地,"二十八年红旗不倒"的传奇铸就的大别山精

---

① 李庚香:《用大别山精神铸牢党性之魂》,《领导科学》,2019年11月(上),第7~10页。

神是我们党的宝贵精神财富,积淀着大别山红色基因。大别山红色基因,是指在中国共产党诞生后直到新中国成立这一特定历史时期,在大别山这一特定地区,大别山军民在中国共产党领导下,在血与火的革命实践中,锻造而成的革命信念、革命意志、革命品质、革命本色。大别山红色基因是中国共产党人的红色基因的源头之一,是我们党红色基因谱系的重要组成部分,是我们党的宝贵精神财富,是中国共产党人的初心使命、性质宗旨、政治本色和人格力量在大别山这一特定区域的集中反映,体现了马克思主义世界观和方法论,体现了民族精神、革命精神和时代精神的有机统一。其具体内容可以概况为:历挫弥坚的理想信念、不胜不休的斗争精神、甘于牺牲的大局观念、依靠群众的宗旨意识、艰苦奋斗的革命本色为主要内容的大别山红色基因。其中:历挫弥坚的理想信念是灵魂;基于理想信念铸成的不胜不休的斗争精神、甘于牺牲的大局观念、依靠群众的宗旨意识、艰苦奋斗的革命本色构成了大别山红色基因的核心元素。大别山红色基因的五个方面五位一体,共同构成了大别山红色基因的主要内涵。大别山红色基因,属于我党我军的第一代红色基因,是中国共产党人红色基因的源头之一,是中国共产党人红色基因的重要组成部分,是红色基因最富有的矿源之一。大别山红色基因既闪耀着独特的基因光芒,又与我党我军在其他地域形成的红色基因的精髓要义同质、相映成辉,共同构成党和国家红色基因库,对我党我军的成长、发展壮大产生了极其深刻的影响。

三、研究现状与评价

大别山地区具有光荣而悠久的革命历史。土地革命战争时期,在党的领导下所创建的鄂豫皖苏区是仅次于中央苏区的第二大革命根据地,诞生了多支红军主力,创造了"二十八年红旗不倒"的传奇。大别山地区是中国革命的重要策源地,人民军队的重要发源地。解放战争时期,这里又是刘邓大军千里挺进大别山的落脚地。在长期的革命斗争实践中,大别山军民在党的领导下,凭借对党无限忠诚、历挫弥坚的理想信念,浴血奋战,胸怀全局,甘于牺牲,艰苦奋斗,不胜不休,孕育形成了彪炳史册的大别山精神,铸就积淀了大别山红色基因。大别山红色基因和大别山精神是我党我军红色基因和中华民族宝贵精神财富的重要组成部分,与井冈山红色基因、井冈山精神同处于我党我军精神谱系的源头。

目前,国内学术界专家学者对大别山精神已开展了研究,形成一定数量的研究成果。军地还先后成立了大别山红色文化教学研究机构。如,陆军炮兵防空兵学院率先在全国全军成立了专门的研究机构——大别山红色文化研究所;信阳师范学院成立了大别山红色资源与文化发展研究院;信阳市委党委建成大别山干部学院,金寨县委党校建成金寨干部学院。相关研究的学术专著主要有:田青刚:《大别山精神》,中共党史出版社,2020年版;台运行:《大别山红军战歌》,安徽人民出版社,2006年版;鄂豫皖革命根据地编委会:鄂豫皖革命根据地(1—4册),河南人民出版社,1990年版;中国工农红军第四方面军战史编辑委员会:《中国工农红军第四方面军战史》,解放军出版社,1989年版;李勇:《进军大别山》,新华出版社,1990年版;中共商城县委会:《大别山烽火》,河南人民出版社,1981年版;相关研究的学术文章主要有:李庚香:《用大别山精神铸牢党性之魂》,中原智库,2021年1月;孙伟:《大别山精神的深刻内涵》,学习时报,2020年5月8日第5版;汪谦干:《谈谈大别山红色文化的内涵》,安徽日报,2016年6月23日第7版;2016年1月;张守锐:《充分发挥红色资源优势 着力打造党性教育高地——安徽省金寨县党员干部党性教育的主要做法》,党政论坛,2016年3月;杨文超:《从大别山抗战歌谣看大别山精神的内涵》,赤峰学院学报(汉文哲学社会科学版);张果:《大别山精神的科学内涵、当代价值与弘扬路径》,求知导刊,2015年6月;刘泽双、赵毅:《大别山精神研究中存在的几个认识误区》,《老区建设》,2015年第8期;李晓娟:《新媒体环境下大别山精神传播现状》,西部广播电视,2014年6月;梁家贵:《略论大别山红色文化》,理论建设,2014年5月;张元婕、汪季石:《浅析大别山地区红色文化的历史特色》,《黄冈师范学院学报》,2014年第1期;吕杰、许月明:《论大别山红色文化的历史地位》,《福建党史月刊》,2013年9月;何晓坚:《红色文化对构建社会主义核心价值体系的促进作用——以大别山红色文化研究为例》,学术探索,2010年10月;刘国胜:《大别山精神综述》,《党史天地》,2007年12月,等等。目前,还没有发现国外有本课题相关的研究成果。

从上述与本课题相关研究成果看,呈现出"四多四少"的特点:

一是区域性研究多,综合性研究少。大别山地处鄂豫皖三省交界,目前大部分研究成果主要是立足于在各省区域内的研究,没有形成大别山红色文化整体性研究体系;

二是历史性研究多,现实性研究少。大多数研究成果重在研究该地区的革命斗争史,缺乏对大别山红色基因传承的现实性问题研究,就史论事的多;

三是地方研究多,军队研究少。大多数研究着眼于大别山地区经济、文化、社会研究,以开发大别山红色旅游资源研究成果多,以推进大别山红色基因融入官兵血脉,铸魂育人研究成果少。

四是面上的研究多,方法途径研究少。目前地方学者的研究成果,大多停留在对大别山精神特质的阐释及历史事件的梳理分析上,对于新时代如何传承弘扬大别山红色基因思路对策研究尚处于初步、碎片化的研究阶段,缺少顶层设计,更没有作为一项工程建设进行体系化设计、工程化推进,缺少对推进大别山红色基因代代传工程建设的对策路径研究。

综上所述,开展《大别山红色基因代代传工程建设研究》对于弘扬我党我军光荣传统和优良作风,推进新时代党的建设新的伟大工程,应对百年之未有大变局、引领全党全军全国各族人民实现中华民族伟大复兴、助推大别山革命老区振兴发展具有重要的理论意义和现实意义,亟需作为系统工程开展细致完整的研究。

三、研究目的与意义

（一）研究大别山红色基因代代传是弘扬我党我军光荣传统的强烈呼唤

大别山的每一座山都是英雄的山，每一条河都是英雄的河。可谓"山山埋忠骨、岭岭铸忠魂"。大别山地区被誉为"红军的摇篮""将军的故乡"。我党我军在大别山地区的长期革命斗争历程中，形成了具有大别山鲜明标记的大别山精神，是我党我军极为宝贵的精神财富，所孕育形成的大别山红色基因，是我党我军光荣传统和优良作风不可或缺的重要组成部分。2019年9月，习主席考察河南时指出："鄂豫皖苏区根据地是我们党的重要建党基地，焦裕禄精神、红旗渠精神，大别山精神等都是我们党的宝贵精神财富。开展主题教育，要让广大党员、干部在接受红色教育中守初心、担使命，把革命先烈为之奋斗、为之牺牲的伟大事业奋力推向前进。"[①]习近平主席提出的"鄂豫皖苏区根据地是我们党的重要建党基地""大别山精神是我们党的宝贵精神财富"两个重大论断具有重大的政治意义、深远的历史意义、永恒的里程碑意义。作为我们党和国家的最高领导人首次郑重提出"大别山精神"概念，使大别山精神正式入列我党我军革命精神谱系，打开了深入研究大别山精神的大门。开展大别山红色基

---

① 《坚定信心埋头苦干奋勇争先 谱写新时代中原更加出彩的绚丽篇章》，《人民日报》，2019年09月19日01版。

因代代传工程建设研究,是贯彻落实习近平主席关于弘扬我党我军光荣传统和优良作风重要指示的具体举措,把大别山红色基因融入我党我军血脉,是赓续传承我党我军光荣传统和优良作风的时代要求。

(二)研究大别山红色基因代代传是赓续我党我军红色血脉的内在需要

大别山地区有着辉煌的革命斗争史,从大革命时期的北伐战争开始,就是我党最早直接领导的武装——叶挺独立团经过的地方,有着得天独厚的群众基础和革命根基。从著名的黄麻起义到红四方面军、红二十五军、红二十八年的创建,从红二十五军长征最早到达陕北到红四方面军与中央红军会师,从当地群众在党的领导下此起彼伏的武装斗争到坚持大别山革命根据地的游击战争,从到中原突围到刘邓大军千里挺进大别山,自1921年到1949年新中国成立前的28年间,大别山军民始终坚守历挫弥坚的理想信念,发扬不胜不休的斗争精神,秉持甘于牺牲的大局观念,践行依靠群众的宗旨意识,保持艰苦奋斗的革命本色,创造了"二十八年红旗不倒"奇迹,也创造了中国革命斗争史上的伟大奇迹。大别山地孕育形成的我党我军红色基因血脉,是我党红色基因库的重要组成部分,堪与井冈山精神相媲美,同处于源头位置。开展大别山红色基因代代传工程建设研究,彰显大别山红色基因新的时代精神,是新时代加强政治建军、建设世界一流军队的现实要求。

（三）研究大别山红色基因代代传是培育"四有"新时代革命军人的现实要求

习近平主席站在实现强军梦的战略高度，鲜明提出了培育有灵魂、有血性、有本事、有品德的新时代革命军人。有灵魂、有血性、有本事、有品德是我军从建军之初起就开始具备的光荣传统和优良作风，也是大别山红色基因重要的精神特质。在党的十九大报告中，习近平主席指出："加强军队党的建设，开展'传承红色基因、担当强军重任'主题教育，推进军人荣誉体系建设，培养有灵魂、有本事、有血性、有品德的新时代革命军人，永葆人民军队性质、宗旨、本色。"[①]这就把传承红色基因对培育新时代革命军人的重要意义提高到战略高度。学习和研究大别山地区鄂豫皖军民在各个时期英勇顽强的革命斗争历史，牢牢把握弘扬大别山红色基因的特殊要求，赋予大别山红色基因新内涵，使之加快融入官兵头脑、心灵和生活，与培育新时代革命军人的实践有效耦合，发挥大别山红色基因对培育新时代革命军人不可替代的作用，汇聚起强军兴军的磅礴精神力量。

四、研究思路与方法

（一）研究思路

以贯彻落实习近平主席关于推进红色基因代代传一系列重要论述为主题，以系统梳理我党我军在大别山地区革命斗争历

[①] 习近平：《习近平论治国理政》（第三卷），北京：外文出版社，2020年，第42页。

史脉络为逻辑起点,从历史与现实、理论与实践相结合的维度,凝练大别山红色基因的科学内涵,梳理总结大别山红色基因赓续传承的基本经验,进而在细致分析大别山红色基因代代传工作中存在突出问题及主要原因的基础上,提出新时代传承弘扬大别山红色基因的基本思路和对策措施。本课题试图从历史、理论、现实三者密切结合上构建研究的逻辑框架,从理论与实践的统一、历史与现实结合中阐明事实,按照体系化设计、工程化推进的路子提出大别山红色基因代代传工程建设的思路对策。

(二)研究方法

坚持理论与实际相结合,历史与逻辑相统一,定性分析与定量分析相结合,立足我党我军红色基因代代传理论与实践新情况、新问题,分析现实矛盾问题,着眼于实践需求提出思路对策。主要采取文献研究法——收集国内外相关图书和期刊资料;调查研究法——有针对性地收集大别山地区党政机关、军地院校和所驻部队中不同层次人员的多元思想文化、利益诉求和对传承弘扬大别山红色基因新的更高要求,掌握底数、倾听建议;比较研究法——对国内同类相关研究成果的方式方法进行比较,获得有益启示。

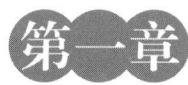

大别山红色基因的本质内涵与地位作用

大别山红色基因,是指在中国共产党诞生后直到新中国成立这一特定历史时期,在大别山这一特定地区,大别山军民在中国共产党领导下,在血与火的革命实践中锻造而成的革命信念、革命意志、革命品质、革命本色。大别山红色基因是中国共产党人的初心使命、性质宗旨、政治本色和人格力量在大别山这一特定区域的集中反映,体现了马克思主义的世界观和方法论,体现了民族精神、革命精神和时代精神的有机统一。

第一节 大别山红色基因的内涵实质

大别山红色基因是新民主主义革命时期我党我军在大别山血与火的革命斗争中孕育形成的,与井冈山精神、延安精神所积淀的红色基因同根同源,是我党我军红色精神谱系的重要组成部分,是中国共产党人的红色基因的重要源头之一,具有鲜明特色和丰富内涵,主要包括:历挫弥坚的理想信念、不胜不休的斗争精神、甘于牺牲的大局观念、依靠群众的宗旨意识、艰苦奋斗的革命本色。

一、历挫弥坚的理想信念

大别山地区有着悠久而光荣的革命史,从建党到新中国成立,大别山始终有共产党人传播革命理想、开展革命行动。他们为理想而奋斗、为主义而战斗、为信念而牺牲,创造了"二十八年红旗不倒"的革命传奇,铸就了历挫弥坚的革命信念和一心向党、永跟党走的红色基因。

历挫弥坚的理想信念,主要指大别山军民无论是革命形势处于高潮,还是在低潮的危难关头,始终坚定对马克思主义的信仰信念,始终坚持对党绝对忠诚,始终坚持将革命斗争进行到底。历挫弥坚的理想信念是大别山红色基因的核心。凭借历挫弥坚的理想信念,伟大的大别山儿女一心向党、永跟党走,矢志不渝,勇往直前,使得大别山革命的燎原星火燃遍全国。

在初始阶段,大别山军民的理想信念是由出生在本地的进步知识分子在武汉、上海等大城市接受共产主义理想后,回到大别山地区传播革命理想而引发的。大革命时期,在大别山的豫东南、皖西、鄂东北一代的一些知识分子先后到董必武等人在武汉创办的私立武汉中学、黄埔军校武汉分校,以及毛泽东主持的中央农民运动讲习所等地接受教育。这批知识分子通过阅读革命书籍、聆听革命进步演讲,受到了革命进步思想的熏陶,不少人加入了中国共产党。大革命前及大革命期间后,他们受党的指派回到大别山地区传播革命思想,发动农民运动,打倒土豪劣绅,在当地掀起了农民运动的高潮。

大革命失败后,国民党反动派的血腥屠杀并未使大别山军民放弃革命理想。党的八七会议后,他们首先在鄂东北的黄安(今红安)、麻城爆发了黄麻起义,随后又相继爆发了商南起义、六霍起义,这就是大别山历史上著名的"三大起义"。大别山地区的革命烽火再次燃起,他们以武装的革命反对武装的反革命,斗争形势异常残酷,但大别山军民的革命理想信念始终没有动摇,反而越挫越坚。这些革命者不论遭遇到多大的困难,遭受到多大的不公,他们始终对党的忠贞不渝,对革命的信念矢志不移。正是这种坚忍不拔的理想信念,支撑着大别山军民不畏强敌,不怕牺牲,坚守初心,谱写出了一幕幕惊天地、泣鬼神的精彩华章。

詹谷堂,豫皖边党组织创建者,商南起义的领导者之一。党的"八七"会议后,他积极领导农民运动,先后在南溪、胭脂、大埠口、白沙河等地组织群众分发了地主豪绅10多万斤粮食,增强了农民的斗争勇气和革命信心。1929年5月,他在商城起义中率领农民武装和进步师生200余人参加。起义胜利后,他又参与了红十一军第三十二师和商城临时革命政权的组建,参加领导了豫东南革命根据地的创建。1929年7月,由于坏人告密,詹谷堂不幸在商城县被捕。民团团长对他进行审问:

"你读圣贤书,为什么要干共产党?"

"为了消灭你们这些吃人的野兽!"

"难道你不怕死?"

"我死了没关系,种子已播下,遍地就要开花。"

"你说共产党有多少,在哪里?"

"多得很！天上有多少颗星星,地上就有多少共产党人。"

敌人的审讯一次又一次的失败,便用各种酷刑摧残他。皮鞭雨点般地落在詹谷堂身上,他虽然被打得皮开肉绽,几次昏了过去,但始终咬紧牙关,不说一个痛字。詹谷堂在牢房里感觉自己的血就要流尽了,挣扎着站起来,用手指沾着伤口流出的鲜血,在墙上写下"共产党万岁",为信仰的共产主义壮烈牺牲！詹谷堂对党的无限忠诚之心,就像夜空上闪亮的星星,照耀着血染的大别山。詹谷堂能够坦然面对牺牲,源自他具有坚定的共产主义理想信念。像詹谷堂这样为革命信仰而牺牲的仁人志士在大别山不在少数。程续昭是大别山早期的共产党员,面对敌人的屠刀,喊着"脑袋是爹妈给的,是我个人的,共产党为穷人翻身是劳苦大众的;老子要的当然要共产党,要信奉共产主义,脑袋去了不可惜！"[①]从容就义,凭着就是革命理想信念的不懈追求。类似这样忠于党的信念,在整个大别山革命斗争中,并不是个别的、孤立的个案,而是带有普遍意义的整个大别山革命文化的图腾。

在红二十五军撤出鄂豫皖苏区长征后,在敌人疯狂"血洗"

[①] 中国工农红军第四方面军战史编辑委员会编:《中国工农红军第四方面军人物志》,北京:解放军出版社,1998年,第722页。

大别山的"三光"政策下,人民群众始终没有向任何敌人低头,隆冬季节宁可跑到山上挨冻受饿,也不愿意当国民党的"顺民",许多人群众冻死饿死在荒山野岭上。"山林岩洞是我的房,青枝绿叶是我的床;野菜葛根是我的粮,共产党是我的亲爹娘"。这首诗是大别山三年游击战争时期,坚持在大别山地区的共产党人、游击部队、游击战士所发出的铮铮誓言。在关系到大别山的革命红旗能否坚持打下去的严峻时刻,以高敬亭为主要代表的一批共产党人,坚守留在大别山,他带领重建后的红二十八军,在根据地屡遭敌人"清剿""围剿"的白色恐怖下,独立在大别山地区坚持了艰苦卓绝的三年游击战争。重建的红二十八军在极端困难的情况坚守大别山斗争靠的也是坚定的理想信念和对党的无线忠诚。大别山三年游击战争是极端艰难困苦的,是大别山革命"二十八年红旗不倒"的精彩华章。"一颗红心拿不去,头断血流不投降"。这是大别山革命处于最艰难的关头,千千万万革命者崇高理想信念的呐喊。正如习近平主席2016年4月考察金寨时所指出的那样:"一寸山河一寸血,一抔热土一抔魂。回想过去的烽火岁月,金寨人民以大无畏的牺牲精神,为中国革命事业建立了彪炳史册的功勋,我们要沿着革命前辈的足迹继续前行,把红色江山世世代代传下去。"①

"从土地革命战争时期到解放战争时期,大别山先后经历4次主力部队转出,每一次主力离开后仍然有武装力量在大别山

---

① 习近平:《论中国共产党历史》,北京:中央文献出版社,2021年,第108页。

坚持斗争。他们靠着对理想的执着和革命必胜的信心,愈挫愈勇,一次次从磨难中奋起,革命的红旗始终在大别山上高高飘扬"。[①] 回望大别山 28 年的革命斗争历史,可以清晰地看出:在大别山,革命不管是处于高潮,还是转入白色恐怖的低谷,无论敌人经历多少次"围剿""会剿""清剿""血洗""三光",都未能消退大别山军民坚持革命的热情,都未能摧毁革命者的理想信念,反而历挫弥坚、薪火相传,始终坚守着对马克思主义的执着、对党"一根筋、不二心"的初心,总能出现"铜锣一响,四十八万,男将打仗,女将送饭"的全民参战情景,时常呈现"父送子、妻送郎"到前线的感人至深的场面。

二、不胜不休的斗争精神

千百年来,在大别山地区形成了自强不息、敢于斗争的朴实民风,这里的人民具有这样的文化特质。在新民主主义革命时期,大别山军民正是凭着这种奋发图强的革命进取精神、不胜不休的斗争精神使革命红旗始终飘扬在大别山上。

不胜不休的斗争精神主要是指在艰难困苦的环境中仍然要"硬着头皮顶住",能够"坚持最后五分钟",不达胜利誓不罢休的革命韧劲和英雄气概。不胜不休的斗争精神是大别山红色基因的重要组成部分。

大别山地区革命斗争最突出的特点是条件异常艰苦、持续

[①] 孙伟:《大别山精神的深刻内涵》,《学习时报》,2020 年 5 月 8 日第 5 版。

时间长、敌我力量悬殊大。28年的血与火的革命斗争,熔铸了大别山军民特别能吃苦、特别能牺牲、特别能忍耐的意志品质。以"苦熬""硬熬"为特点的不胜不休斗争精神是大别山根据地取得最终胜利的重要保证。

在大别山三年游击战争期间,重建后的红二十八军在党的领导下,带领大别山军民在大别山地区与国民党反动派长期反复周旋,风餐露宿,不屈不挠,组建"便衣队工作队"等特殊的对敌斗争武装形式,广泛开展游击战术,一点一滴地歼灭敌人,积小胜为大胜,最终将游击区扩大到45个县,终于迎来了鄂豫皖三年游击战争的最后胜利。到全面抗战爆发时,近2000人的红二十八军仍成建制地保留着,大别山革命斗争仍继续坚持,没有不胜不休的斗争精神是不可能做到这一点的。

在抗战胜利后,李先念领导的新五师等中原部队6万人被国民党30万大军围困于罗(山)、礼(山)、经(扶)、光(山)之间不足百里的狭小地带。由于部队粮食短缺,生活极为困难。但能否坚守中原关系重大。此时,中原解放区军民坚决落实毛主席指示:"你们须立即准备突围,以最大决心,坚决奋斗,团结一致,才能克服困难,战胜危险。"[①]坚持独立自主、自力更生,绝没有被任何困难所吓倒,树立了"坚持斗争、能苦必胜"的精神之旗。至今老百姓中仍流传着这样一首民谣:"李师长,种南瓜,种的南瓜

[①] 中共中央文献研究室编:《毛泽东年谱》(下),北京:中央文献出版社,2002年,第76页。

人人夸。陈大姐,种白菜,种的白菜人人爱。"在李先念的指挥下,震惊中外的中原突围战役取得了胜利,击碎了国民党妄图制造第二个"皖南事变"的迷梦。从抗战胜利到中原突围战役爆发,中原军区部队在极端艰苦的条件下坚守中原10个多月,终于胜利完成了党中央和毛主席赋予的牵制国民党部队的战略任务。

1947年9月,刘邓大军千里跃进大别山后,部队远离大后方,缺少重武器,粮食匮乏,官兵水土不服,缺少过冬的棉衣,甚至连群众也害怕与部队接触。面对这么多的困难,刘邓大军一方面集中优势兵力歼敌有生力量;另一方面广泛发动群众,依靠人民群众,开展土地改革,帮助群众建立人民政权,与敌人斗,与各种想象不到的困难斗,部队在很短时间里站稳了大别山,顺利完成党中央和毛主席赋予刘邓大军的战略任务,最终赢得了解放的曙光。千里挺进大别山的刘邓大军坚持与敌斗争到底、与困难斗争到底,是不胜不休革命精神的生动写照。

从鄂豫皖根据地走出来的许世友将军,以英勇善战闻名于世。他在指挥解放战争时期的济南战役时,面对国民党王耀武集团这个强大的敌人,战斗打了七天七夜,仍然处于胶着状态。这时,许世友司令员对参战官兵讲:"我们的困难大,敌人的困难比我们更大。现在就看谁的决心硬过谁。我们要跟敌人比毅力、比顽强、比后劲,胜利往往是在最后五分钟取得的。"结果,很快就使参战官兵提出的"打下济南府,活捉王耀武"的战斗口号迅速变成了现实。敢于同强敌作斗争、不达胜利誓不罢休是大别山红色基因的重要特征之一。

三、甘于牺牲的大局观念

在28年艰苦卓绝的革命斗争中,大别山军民为了党和人民利益,甘愿抛头颅洒热血,为新中国的诞生作出了巨大牺牲,表现了革命的大无畏的牺牲精神。

甘于牺牲的大局观念,是指始终以革命大局为重,为了革命利益需要胸怀全局牺牲小我、无私奉献的红色基因。大别山军民的牺牲不是独有的,但其惨烈程度是在中国革命的历史长河中是极其少有的。

据统计,从1921年至1949年,大别山地区先后有200多万人参加革命斗争,近100万人血洒疆场、为国捐躯,仅在册革命烈士就有130351人。1927年黄麻起义失败后,黄、麻两县起义军民遭到敌人的血腥屠杀,黄安(今红安)大约有10万人被害,在箭厂河制造了在不足一亩的田地里300多人被杀害的"红田"惨案。革命战争年代,河南新县为革命牺牲5.5万余人,安徽金寨县被追认的烈士就有10408人。大别山是英雄之山、革命之山、红色之山,可谓是"家家有红军,村村有烈士,山山埋忠骨,岭岭皆丰碑"。"一要三不要"——要革命,不要钱、不要家、不要命;"一图两不图"——图贡献,不图名、不图利。这些就是对大别山无数英雄儿女为革命甘于牺牲的真实而生动的写照。

从这里走出去的革命队伍,大局观念很强,总是想着中央和民众利益,总是把困难留给自己,表现出很强的甘于牺牲的大局观念。1935年9月,徐海东率领的红二十五军到达陕北,与刘志丹所领导的部队合并成立红军第十五军团,徐海东任军团长。11月2日,中央红军与红十五军团在安塞县下寺湾会师。就在徐海东等领导同志思考如何解决所属部队的过冬难题时,负责中央红军给养工作杨至成拿着毛泽东亲笔写的借条:"海东同志:请你部借2500元给中央,以便解决中央红军吃饭穿衣问题。"徐海东看后,二话没说,当即要求红十五军团供给部长查国桢从部队仅有的7000块大洋中拿出5000块大洋送给了中央,超过所属部队家底的三分之二,自己所属的部队只留了2000块大洋。徐海东说,中央红军刚到,困难比我们多。我们要勒紧裤带,多为中央红军解决困难。我们就是不吃、不穿、挨冻受饿,也要支援党中央,也要保证他们度过陕北的第一个冬天啊!正是这5000大洋解决了中央红军生活上的燃眉之急,让他们度过了最困难的时刻。若干年后,毛泽东曾在一次干部大会上深情地指出,中央红军在陕北最困难的时候,是徐海东借的5000元钱,帮了革命的大忙。

与此同时,徐海东还决定从红十五军团抽出部分枪支弹药、衣物布匹和医药用品送给中央红军,调配部分新入伍的红军战士划归中央红军。徐海东曾说:"一个共产党员,应该无条件服从中央。"[①]徐海东给中央送钱、送药、送枪等,真实彰显了徐海东胸怀大局、甘于奉献的高尚品德。徐海东说:"中央有困难,难道我们能不管吗?支援党中央,是我们应尽的义务。……保证了

---

① 徐海东:《生平自述》,北京:生活·读书·新知三联书店,1982年,第48页。

党中央,才能保证了中国革命。"这真实体现了徐海东甘于牺牲的大局观念。在革命战争中,徐海东牺牲了66名亲人,毛主席高度评价徐海东为"对中国革命有大功的人"。

抗战结束后,党中央和毛主席要求中原部队继续留在中原,明确指示中原部队要继续完成牵制国民党军队的战略任务,即使是全军覆没,也要保障全局的胜利。大别山军民二话不说,坚决贯彻落实党中央指示,从全国战略大局出发,坚持大别山战略要地,用自己无私无畏的巨大牺牲,为党中央在东北、华北、华东的战略部署赢得了宝贵时间。李先念指挥的中原突围战役取得巨大胜利,为保障全局胜利赢得了宝贵时间,并由此拉开了解放战争的序幕。

1947年,中共中央决定晋冀鲁豫野战军直出大别山,以解国民党对山东解放区和陕北解放区的重点进攻。7月23日,中央军委指示刘邓,"为了确保与扩大开始取得的战略主动权","立即集中全军休整十天左右,除扫清过路小敌及民团外,不打陇海,不打新黄河以东,亦不打平汉路,下决心不要后方,以半个月行程,直出大别山,占领大别山为首的数十县,肃清民团,发动群众,建立根据地,吸引敌人向我进攻打运动战"[①]。29日刘邓就接到毛泽东的急电,称"现陕北情况甚为困难(已面告陈赓),如陈谢及刘邓不能在两个月内以自己有效行动调动胡军(国民党胡

---

① 《中央军委关于确保和扩大战略主动权给刘伯承等的指示》,见中共中央文献研究室、中央档案馆编:《建党以来重要文献选编(1921—1949)》第24册,北京:中央文献出版社,2011年,第256页

宗南部,笔者注)一部,协助陕北打开局面,致陕北不能支持,则两个月后胡军主力可能东调,你们困难亦将增加"[①]。面对中央军委的指示和毛泽东这封万分火急的绝密电报,以及这场关乎解放战争全局的战略任务,刘伯承、邓小平心系党中央和毛泽东的安危,始终从战略全局出发,把是否对全局有利作为取舍的首要标准,立即致电中央军委提出:"我们在大别山背重些,在三个月内,陈粟、陈谢能大量歼敌,江汉、桐柏及豫陕鄂区、淮河以北地区能深入工作,对全局则极有利。"40多年后,邓小平回忆起这一往事,无限感慨地说:"当时我们二话没说,立即复电,半个月后行动,跃进到敌人后方去,直出大别山。实际上不到十天,就开始行动。"[②]刘邓这一举动展现了为了中央这个"大我"宁可牺牲"小我"的全局观念。

刘邓大军直进大别山实行"无后方作战",条件异常艰苦,部队受到了严重削弱。其主力部队转移到大别山时,已由开始挺进大别山时的12万人减至不足7万人。但正是刘邓大军胸怀战略全局,勇挑重担,牺牲"小我",改变了全国解放战争的战略形势,揭开了人民解放军由战略防御向战略反攻的序幕。正如毛泽东同志所说:"这是一个历史的转折点。这是蒋介石的二十年反革命统治由发展到消灭的转折点,这是一百多年以来帝国

---

① 《中央军委关于刘邓、陈谢等部的作战任务的指示》,见中共中央文献研究室、中央档案馆编:《建党以来重要文献选编(1921—1949)》第24册,北京:中央文献出版社,2011年,第262页。

② 《邓小平文选》第3卷,北京:人民出版社,1993年,第339页。

主义在中国的统治由发展到消灭的转折点。这是一个伟大的事变。"①

四、依靠群众的宗旨意识

从党诞生之日初期起,在大别山地区,我们党就同人民群众同甘苦、共命运、心连心,党和军队就紧紧依靠人民群众,与大别山当地群众建立了血浓于水的党群、军民关系,抒写出军民鱼水情深的壮丽诗篇。

依靠群众的宗旨意识就是把依靠群众、发动群众、领导群众当家作主、着力解决人民群众疾苦,全心全意为人民群众服务作为我党我军一切行动的唯一宗旨的红色基因。

黄麻起义后,黄安县农民政府的施政纲领就是:"实行土地革命,工农武装起来,推翻豪绅地主的统治,建立工农政权……"这是党在大别山依靠群众、领导帮助人民群众建立革命政权的一个缩影。在当时的鄂豫皖苏区,广泛开展了轰轰烈烈的土地革命,制定了土地分配政策,农民几千年来第一次分得了土地。在党的领导下,苏区还逐步建立了省、特区(道)、县、区、乡、村六级苏维埃政权,穷苦的劳动人民第一次成为社会的主人,人民群众政治上获得了民主权利,极大促进了苏区的政治、经济、教育、卫生各项事业蓬勃发展,老百姓在政治上、经济上翻了身,文化教育上得到解放。党一心为民,成为人民的主心骨;人民一心向

---

① 《毛泽东选集》第4卷,北京:人民出版社,1991年,第1243～1244页。

党,成为党的铁靠山;群众纷纷参军参战,为革命凝聚了巨大力量。这是鄂豫皖苏区对党的建设的创新性探索。因此,习近平主席考察鄂豫皖首府新县时说:"鄂豫皖苏区根据地是我们党的重要建党基地。"①

我党我军大别山开展革命斗争,始终把人民群里利益放在心中最高位置,制定并执行严格的群众纪律,赢得了大别山群众的大力支持。在土地革命战争时期,我党我军针对国民党对根据地军民实施的疯狂"围剿",各级党组织和人民军队针锋相对持续展开了反"围剿"斗争,最大限度地保护群众利益。在创建鄂豫皖革命根据地的过程中,大别山红军就从定制度立规矩入手,把守纪律作为军队能打仗、打胜仗的保障,制定了不拿穷人一针一线;不拿穷人粮食;对穷人态度要和蔼等"十条纪律"规定。通过制度对政纪、军纪、群众纪律作了极其严格、极其明确的规定,明确了革命军人要坚持什么,反对什么,要怎样做,不能怎样做的问题,立起红军从严治军的标尺。"十条纪律"规定与"三大纪律八项注意"尽管表述不同,但内容相近。从某种意义上说,十条纪律规定作为硬约束,为大别山部队保持军纪严明、秋毫无犯,保持步调一致、高度统一提供了"铁纪"保障。在三年游击战争时期,革命斗争环境异常艰苦,红军和便衣队时时面临着饥饿和死亡的威胁,但游击战士从不拿群众一针一线。艰苦

---

① 《坚定信心埋头苦干奋勇争先 谱写新时代中原更加出彩的绚丽篇章》,《人民日报》,2019年09月19日01版。

卓绝的斗争环境,筑起我党我军和人民群众的血肉联系。

1947年刘邓大军挺进大别山时,因实行"无后方作战",条件非常艰苦,但邓小平首要强调的就是严格三大纪律八项注意,严整军风军纪,保护人民利益不受侵犯。一天,邓小平忽然发现一名战士的刺刀上挂着一捆红红绿绿的大花布,外加一捆粉条,立即意识到这位战士违反群众纪律,乱拿群众东西。回到部队,邓小平立刻指示调查处理这件事。经调查,这位战士是警卫团四连的一名副连长。为严肃军纪,刘邓研究决定立即对这个抢掠群众财物的副连长实行枪决。刘伯承曾说,"我们依靠的是人民,蒋介石依靠的是碉堡","这就是第二野战军在大别山战斗及全部人民解放战争胜利的关键"。①

着力解决人民疾苦是我党我军依靠群众宗旨意识的重要体现。1931年鄂豫皖中央分局发出通知,"号召全体党员同志起来仿效胜利的苏联党的办法,执行'共产党礼拜六'",并指出,"礼拜六的工作是砍柴、抬木、锯木板,或者做砖瓦石子,如割谷子、运谷子、种粮食,或为机关本身去做,或帮助群众工作,可按照物质的需要随时决定某项工作或者事先预计"。党员干部和军队深入人民群众,时刻关心群众的生产生活并通过各种途径解决人民群众的实际困难。比如红军利用战斗间隙,帮助农民抢收抢种,设法营救被捕的人民群众等。党和军队始终将人民群众的疾苦放在心上,为群众不怕艰难、不怕牺牲,从而得到了人民

---

① 大别山干部学院编,《大别山革命风范》,内部资料,第201页。

群众的衷心拥护。

在最艰苦的革命岁月里,为了胜利,赤贫的大别山群众宁自家肯忍饥挨饿也支持军队在前线打仗,发挥了人民战争的威力,生动演绎了"最后一碗米送去做军粮,最后一尺布送去做军装,最后的老棉袄盖在担架上,最后的亲骨肉送他上战场"的壮观场面。据史料记载,为了配合红军夺取黄安战役的胜利,黄安1200多人参加了红军,黄安苏维埃县委将县独立团交给红四方面军指挥,组织担架队、运输队、救护队、送饭队、洗衣队等不分昼夜为红军服务,群众捐献棉衣和单衣2102件,棉被和棉絮150床,布鞋和袜底4384双,棉花86斤,糯米4.67担,滋粑113担,食油188斤,花生13.79担,肥猪4头,鸡蛋1308个,以及其他大量食品和日用品。正如当时流行的一歌谣所描述的那样:"小小黄安,人人好汉;铜锣一响,四十八万;男将打仗,女将送饭"的全民参战场景。在苏家埠战役发起前,中共六安县委召开党、团代表大会,决定将支援红军作战作为当时的中心任务,由县、区、乡苏维埃政府专门设立接待站和招待站,负责接待过往红军,并向红军提供物资,坚决实现"东下红军要人有人,要粮有粮"。战役发起后,六安、霍山两县独立团、游击队、赤卫军在直接参战的同时,抽出部分力量在战区宣传群众,配合红军向敌军开展政治攻势;六安、霍山两县组织1万多群众服务于红军歼敌的战场,另组织1万多群众在战地以外运输粮食、副食品和柴草等,让作战部队始终吃饱吃好,呈现出2万多红军作战,2万多群众支援的人民战争的场面。

在28年艰苦卓绝革命斗争中,我党我军正是依靠大别山群众、服务大别山群众、群众支援作战,革命才取得胜利的。正如刘伯承在《千里跃进大别山》中指出的那样:"他们全力支持我军,和我们同生死、共患难,不避风险地掩护我工作人员和伤病员,替部队保存物资、带路、侦察敌情,协助我军战胜了许多难以想象的困难。"①

五、艰苦奋斗的革命本色

艰苦奋斗是中华民族的卓越品质和优秀传统,也是我党我军的政治本色。大别山二十八年红旗不倒的革命历史就是一部我党我军坚持与发扬艰苦奋斗优良作风的历史,艰苦奋斗的革命本色是大别山红色的重要组成部分。

号召军民广泛开展节约运动。鄂豫皖革命根据地建设初期,苏区遭受国民党政府和反革命势力的军事"围剿"与经济封锁,造成了粮食短缺严重。为了解决这个问题,皖西北特委提出:"若完全靠前方运粮给后方吃,不是好的办法。我们必须领导苏区人民参加生产,不劳动没有饭吃,使苏区粮食能自己求得解决才是巩固苏区最好的办法。"②1931年初,苏维埃政府降低了机关工作人员的粮食供给标准,并要求广大群众,特别是共产党员、共青团员节省粮食。这种办法产生了很大的效果。1931年5月中旬,中共鄂豫皖中央分局下发的《关于各机关每日吃稀饭

---

① 军事科学院刘伯承军事文选编写组:《刘伯承军事文选》第3卷,北京:军事科学出版社,2012年,第564页。
② 河南省税务局、安徽省税务局、湖北省税务局、河南省档案馆编:《鄂豫皖革命根据地工商税收史料选编》,郑州:河南人民出版社,1987年,第120页。

一次以资节约的决定》,要求党政各机关单位"尤必须尽量节省,减去糜费"。5月底,中共鄂豫皖中央分局对节约粮食提出进一步要求:"一切党苏维埃和后方军事机关,须于粮食运动周内开始切实互相检查前次决定节省粮食的办法(党和苏维埃机关,每天吃两顿粥、一顿干饭;后方军事机关,每天一顿粥、两顿干饭,只有红军和前方战士每天须担保有三顿干饭)。将检查结果报告分局,不能实行的须受严厉处罚。"①

组织厉行节约活动。边区机关办公用纸尽量不动用整张油光纸,而使用印刷后裁下来的纸条,有时一张纸条常常用上几次;除特殊工作外,墨水一般都用自己配的紫色旋水;油灯捻子,一般每晚也只用一根。节约活动起到很好效果。

自己动手,丰衣足食。抗战胜利后,中原军区部队长期处于孤悬敌后,担负着战略牵制国民党军队战略重任的特殊环境。面对强敌军事进攻和经济封锁,全体官兵自力更生,艰苦奋斗,渡过了一次又一次的难关。李先念、郑位三等领导同志以身作则,带领部队经常参与驻地的生产建设,帮助群众抢种抢收、兴修水利,带头开荒种菜、砍柴烧炭、打鱼摸虾,在艰苦卓绝中克服困难,圆满完成了党中央和毛主席赋予的重任。1947年,刘邓大军12万人远离根据地,无后方依托的条件下,千里跃进到大别山。刘邓大军没有被生活困难所吓倒,发扬我军自强不息的艰

---

① 中华人民共和国财政部《中国农民负担史》编辑委员会编著:《中国农民负担史(第3卷):中国新民主主义革命时期革命根据地的农民负担(1927—1949)》,北京:中国财政经济出版社,1990年,第116页。

苦奋斗革命本色,没有鞋子穿就自己打草鞋;没有油盐和粮食吃,就去拔野菜充饥;没有衣服穿就自己动手缝制棉衣。刘邓大军初到大别山,转眼间冬天就到了,但是指挥员们身上穿的还是夏天过黄河时的单衣,上自刘伯承司令员、邓小平政委,下到普通战士,身上穿的都一样单薄,睡觉盖的只有毯子和夹被。物资缺乏严重威胁着刘邓大军的安危。在这种情况下,刘、邓首长决定全军一面打仗,一面自己动手,解决棉衣问题。随即,刘伯承司令员指示各部队就地购买材料自行缝制棉衣,全军上下一起动手,裁的裁,缝的缝,一件件棉衣在战士们的手中被缝制出来。刘邓大军10万将士缝棉衣,可以说是战争史上空前的奇迹。为此,六纵队第十八旅政委李霞编了一首《棉衣歌》,歌颂我军艰苦奋斗的优良传统。

> 十月大别秋风急,刘邓健儿着单衣。
> 薄衿单被不成寐,月冷霜白草凄迷。
> 大别初建无后方,千万冬衣何处觅?
> 千万将士暗思量,全军无人不煎急。
> 眼望严冬即来临,寒风大雪以何御?
> 百万贼兵不足畏,三冬无衣实堪虑。
> 生死关头仰刘邓,能使无衣成有衣。
> 千万将士自己缝,织成棉衣度寒冬。
> 号令传来人咋舌,男儿何曾会女红?
> ……
> 一切困难皆可度,全在万众是一心。

综上所述,在大别山红色基因序列中,历挫弥坚的理想信念是灵魂;基于理想信念铸成的不胜不休的斗争精神、甘于牺牲的大局观念、依靠群众的宗旨意识、艰苦奋斗的革命本色构成了大别山红色基因的核心元素。大别山红色基因的五个方面是五位一体的,共同构成了大别山红色基因的主要内涵。大别山革命斗争时期形成的红色基因,属于我党我军的第一代红色基因,是在革命战争特殊时代背景下,在大别山特定的境域内形成的独特基因,既闪耀着独特的基因光芒,又与我党我军在其他地域形成的红色基因的精髓要义同质、相映成辉,共同构成我党我军红色基因的有机整体。

大别山红色基因与中国共产党人的其他基因相比,既有共性的内容,也具有自己的鲜明特征。

第一,积淀时间长。

中国共产党人的红色基因是党在相应的革命或建设时期形成的,一般具有明显的阶段性特征。比如井冈山精神蕴含的红色基因在不到 3 年的时间里形成;延安精神蕴含的红色基因在不到 13 年的时间里形成。而大别山红色基因孕育形成、发展成熟贯穿于新民主主义革命各个阶段,经受了党领导下的新民主主义革命整个历史时期。大别山从建党之初到新中国成立,"二十八年红旗不倒";从黄麻起义到解放战争胜利,大别山武装斗争从未间断过,始终有成建制的武装力量存在,革命武装斗争持续 22 年。这在中国革命史上绝无仅有的。

第二,淬炼环境苦。

理论的产生离不开实践。同样,大别山红色基因的孕育、形成、发展、成熟同样离不开大别山革命斗争的环境和实践。在血与火的斗争中孕育成长、在艰苦困难中淬炼成熟是大别山红色基因的突出特点。

大别山地处鄂豫皖三省交界地区,在地理位置上远离大城市,因多数处在山区而交通闭塞,经济社会发展相对落后,这里的群众多数世世代代为农民,贫穷落后是显而易见的。从大别山整个革命斗争的历程来看,党领导大别山军民开展革命斗争的环境异常艰苦,在中国革命史上是少有的,真所谓"艰难困苦,玉汝于成"。

大别山地处国民党统治的腹心地带,战略地位十分重要。28年间,我党革命武装主力每次转出大别山后,反动势力都会对大别山军民进行疯狂"围剿""清剿"报复,特别是国民党军队占领鄂豫皖根据地后,实行灭绝人性的"三光"政策,"血洗大别山"。当时湖北有4个县,安徽有5个县,河南有3个县几乎人口灭绝,成为废城。徐海东家族有66人被杀,王树声家族有17人被害。这就使我们党在大别山开展革命工作尤其是群众工作极为困难。而在其他革命根据地虽都经历过艰苦的对敌斗争,甚至反复,但都没有像大别山这样斗争环境极其艰苦。残酷的斗争环境锻造了大别山革命者历挫弥坚的理想信念、不胜不休的斗争精神、不怕牺牲的革命品质,锻造了大别山共产党人艰苦奋斗的革命本色、依靠群众的宗旨意识和大别山革命群众不屈不挠的钢铁意志。

第三,蕴含特质全。

大别山红色基因内容全面、内涵丰富,源自我党我军在大别山艰苦困苦的革命实践。在时间跨度上长达28年,而且在政治、军事、经济、文化等诸多方面取得了辉煌成就,积淀了多维化的大别山红色基因。

在土地革命战争时期,鄂豫皖革命苏区根据地在党的建设、政权建设、经济建设、法制建设、文化建设等方面都进行了卓有成效的探索,形成了丰富的经验。鄂豫皖革命苏区根据地是我们党的重要建党基地;大别山地区革命武装经历从赤卫军到红军,再到八路军、新四军、解放军等不同阶段,建立了正规武装同地方武装相结合的武装力量体制,坚持把主力红军作战同人民游击战争结合起来;在战争实践中探索出了灵活机动的战略战术,创造了近战夜战、奔袭奇袭、围点打援、避实击虚、迂回包抄等战术原则;民歌《八月桂花遍地开》等唱遍大别山,极大鼓舞了革命军民的斗争勇气。所有这些熔铸了大别山红色基因的丰富特质。

第二节 大别山红色基因的历史地位

2019年9月,习近平主席考察河南鄂豫皖首府新县,强调指出:"鄂豫皖苏区根据地是我们党的重要建党基地,焦裕禄精神、红旗渠精神、大别山精神等都是我们党的宝贵精神财富。"[①]这是我党我军最高领导人对鄂豫皖苏区根据地和大别山精神的历史地位和时代价值进行的准确定位。大别山红色基因植根于大别山地区,萌发于鄂豫皖的红色大地上。在大别山长期革命斗争实践中所形成的红色基因,是中国共产党人红色基因和革命精神谱系的重要组成部分,是我党我军红色基因的重要源头,是我党我军第一代红色基因,是大别山"二十八年红旗不倒"的重要保证,具有极其重要的历史地位。

一、我党我军红色基因库的重要源头

在长期的革命、建设和改革实践中,我们党形成了自己独特的革命精神谱系。红船精神、井冈山精神、大别山精神、苏区精神、长征精神、抗战精神、延安精神、西柏坡精神、雷锋精神、红旗渠精神、焦裕禄精神、两弹一星精神、载人航天精神、抗震救灾精神、抗疫精神、脱贫攻坚精神等都是我们党的宝贵精神财富。大别山精神和其他革命精神一脉相承,是我党红色精神谱系的重要组成部分。大别山精神积淀的大别山红色基因同样如此。鄂豫皖苏区革命根据地是我们党的重要建党基地,奠定了大别山红色基因在中国革命精神谱系和我党我军红色基因库中的"源头"地位。打开我党我军红色基因库,寻根溯源,可以清晰地看

---

① 《坚定信心埋头苦干奋勇争先 谱写新时代中原更加出彩的绚丽篇章》,《人民日报》,2019年09月19日01版。

到,大别山红色基因和井冈山红色基因同处于中国共产党人的红色血脉源头,同属于我党我军的第一代红色基因,既与井冈山红色基因的同根同源、交相辉映,又闪耀着自己独特的红色光芒,是我党我军成长壮大的重要基石。

大别山是全国建党最早的区域之一,也是中国革命发生最早的区域之一。早在中共一大之前,共产主义运动的先驱董必武、陈潭秋、恽代英、林育南、高语罕等就在大别山地区传播马克思主义。1920年,中国共产党在武汉的早期组织的主要成员,董必武、陈潭秋、包惠僧均来自大别山。中共一大后不久,大别山各地就开始陆续建立党的组织。1921年11月,中共一大代表、湖北共产党人陈潭秋就在黄冈发展党员,成立了鄂豫皖边区第一个党小组——中共陈策楼小组。此后,鄂豫皖三省交界的大别山区域相继建立了党组织,播下了革命的火种。从那时起,大别山红色基因薪火相传,铸就了一幅气势恢宏、苦难辉煌的历史画卷。

大革命时期,大别山地区的农民运动轰轰烈烈,形成声势。1927年大革命失败后,在全国革命形势处于低潮时,英雄的大别山人民没有被国民党反动派的血腥屠杀所吓倒,他们擦干净身上的血迹,掩埋好同伴的尸首,在党的"八七会议"精神指导下,迅速拿起手中的武器,接续战斗。在土地革命战争时期,在这块神奇的红土地上,相继爆发了黄麻、商城、六霍三大起义,在全国产生了重大影响。黄麻起义队伍是继毛泽东秋收起义部队之后最早走上工农武装割据道路的革命武装。1930年,根据中共中央指示,分布在鄂豫皖地区的革命根据地连成一片,统一指挥,成立了以大别山为中心的鄂豫皖革命根据地。大别山军民用鲜血和生命创建的鄂豫皖苏区根据地,在全盛时期囊括了湖北红安、麻城、黄梅,安徽太湖、金寨、霍山,以及河南新县、商城、潢川等20多个县,总人口350万,主力红军4.5万余人。这个规模,在当时是仅次于中央苏区革命根据地的全国第二大根据地,是继井冈山革命根据地之后最早建立的革命根据地之一。鄂豫皖苏区根据地成为了我们党的重要建党基地。

大别山是红军最早的发源地之一。在大别山地区,相继诞生了红四方面军、红二十五军、红二十八军等主力红军,红四方面军成长为土地革命战争时期的红军三大主力之一。从这里走出了红四方面军和红二十五军两支长征队伍。以"儿童军"著称的红二十五军,成为长征最早到达陕北的队伍,为迎接党中央、策应中央红军北上作出了突出贡献。毛泽东同志表彰红二十五军西征为中国革命立了大功。大别山是中国革命的重要策源地,人民军队的重要发源地,奠定了大别山红色基因在我党我军红色基因库中"源头"地位。

在鄂豫皖苏区根据地时期,是大别山红色基因孕育形成的重要阶段。在这个阶段,初步形成了信念坚定、对党忠诚、艰苦奋斗、依靠群众、不怕牺牲为特征的红色基因。这些红色基因被在大别山战斗过的大别山军民所赓续传承并发扬光大,成为长征精神和及以后其他革命精神的重要组成部分。从这个意义上说,大别山是中国革命精神和红色基因的主要形成地和发源地,正是在大别山与井冈山这两股"红流"的"汹涌咆哮"下,亮丽红色基因深深地融入了中国共产党人和中国革命的血脉。

二、"二十八年红旗不倒"的力量之源

从1921年到1949年,大别山历经多次革命斗争的洗礼,高扬的红旗始终屹立在大别山上,书写了无愧于党、无愧于人民的辉煌历史画卷,创造了"二十八年红旗不倒"的奇迹。革命之旗之所以能够28年不倒,其客观原因是大别山特殊的地理环境。大别山横跨鄂豫皖三省,地处三省交界地区,是自古以来重要的战略要冲。大别山山高林密、沟壑纵横,绵延数百里,便于开展游击战、武装割据。然而,自然条件并不是大别山"二十八年红旗不倒"的根本原因,更重要的是大别山军民对大别山红色基因熔铸与传承。

回顾大别山地区28年的革命斗争史,从大革命时期的北伐战争开始,就是我党最早直接领导的武装——叶挺独立团经过的地方。此外,徐向前、邓小平、刘伯承、李先念等都曾先后在这里指挥过战斗。从著名的黄麻起义到红四方面军、红二十五军、红二十八军的创建;从红二十五军长征最早到达陕北到红四方面军与中央红军会师;从当地群众在党的领导下此起彼伏的武装斗争到独立坚持了艰苦卓绝的三年游击战争;从胜利完成战略大转移的中原突围到刘邓大军千里挺进大别山……新中国成立前的28年间,在历经了敌人数不清的"围剿""会剿""清剿""扫荡"等残酷打击后,大别山地区仍然能出现"铜锣一响,四十

八万,男将打仗,女将送饭"的全民参战情景。这在大别山革命战争年代不是个别现象,而是带有普遍意义的革命景观。为什么会出现如此景观?这主要得益于大别山红色基因这个精神之旗的引领。

历挫弥坚的理想信念是大别山红色基因的核心。正是大别山军民在战争中具有历挫弥坚的信仰信念,使得无论是革命的高潮时期,还是革命的低潮阶段,红旗都能够高高高扬在大别山上。尤其是在革命低潮阶段,大别山军民无论遇到什么样的困难、无论被反动势力屠杀了多少人、无论军队进出多少次,始终坚信马克思主义,始终一心向党、赤胆忠诚,始终坚信革命一定能成功,始终在勇敢地坚持斗争。

依靠群众的宗旨意识是大别山红色基因的重要元素。在长期的革命斗争中,大别山群众养成了极高的革命觉悟。我的革命武装先后四次撤离大别山根据地,每次撤离后,群众都会遭到反动势力的疯狂报复,有些地方甚至被执行最野蛮的政策,制造了一些惨绝人寰的"无人区""无人村"。但就是在这样的环境下,大别山群众始终将我军官兵作为自己的子弟兵,给予革命无私帮助。特别在鄂豫皖边三年游击战争期间,大别山革命处于最低潮,形势极为严峻,革命极为困难,但党群关系和军民关系从来没有隔断过。就像歌谣中唱到的那样,"大别山上一根藤,藤缠树来树缠藤。红军好比山上树,穷人好比树上藤,藤离树来无处挂,红军是咱救命人"。① 正是紧紧依靠大别山的人民群众,有了人民群众的鼎力支持,使红旗始终飘扬大别山上。

三、引领中国革命取得胜利的精神之旗

大别山红色基因是在大别山革命斗争的实践中孕育形成的,伴随着中国新民主主义革命的全过程,也是中国革命汲取大别山红色基因的精神力量不断取得胜利的过程。

大别山红色基因奠定了鄂豫皖苏区根据地成为党的重要建党基地。在大别山地区,马克思主义在这里传播早于其他地区。党的一大之前,在鄂东,董必武、陈潭秋、恽代英等人通过办刊、办校传播马克思主义;在皖西,以朱蕴山、徐守西等人通过组建"中国革命小组""马克思主义学习小组"、开办夜校、出版书籍等形式传播马克思主义。党的一大后不久,大别山各地纷纷成立了党的组织。如,陈潭秋在湖北黄冈成立了鄂豫皖边区的第一个党小组——陈策楼党小组;高语罕在安徽寿县也建立了党小组。1924年,詹谷堂等在金寨县汤家汇的笔架山农校建立起金寨第一个党组织。1925年,黄安、麻城等地先后成立中共特别党支部。罗山、信阳、潢川等地也都成立了党的组织。革命薪火发生在大别山地区较其他地区也相对较早。大革命失败后,在党的"八七"会议精神的指引下,从1927年11月到1929年底,大别山地区相继发生了黄麻、商城、六霍等三大武装起义,分别创建

---

① 《河南红色歌谣》,郑州:河南人民出版社,1960年,第16页。

了中国工农红军第十一军第 31 师、第 32 师、第 33 师,相继开辟了鄂豫边、豫东南、皖西三块革命根据地。1930 年,中央决定成立中共鄂豫皖边特委,同时成立红一军,随后成立了鄂豫皖工农民主政府,标志着鄂豫皖苏区根据地正式形成。在创建党组织和领导革命斗争的伟大实践中孕育形成的大别山红色基因,奠定了大别山是中国革命的重要策源地、人民军队的重要发源地,鄂豫皖苏区根据地是我们党的重要建党基地。

大别山红色基因奠定了大别山成为中国革命战争重要的战略支撑地。回望历史,可以清晰地看到大别山是中国的一座革命名山。在整个新民主主义革命时期,大别山都是中国革命重要的战略支地。土地革命战争时期,鄂豫皖苏区根据地是全国第二大革命根据地,创建的红四方面军是红军的三大主力之一,走出了红四方面军和红二十五军两支长征队伍。鄂豫皖苏区根据地时期,这里牵制和消灭了敌人大量的有生力量,有力配合了中央革命根据地和其他革命根据地的斗争,发挥了极为重要的战略作用。抗战时期,李先念领导的新四军第五师在大别山开展抗日活动,成为全国重要的抗日根据地,成为党在中原敌后的独立战略区。解放战争时期,中原军区组建后,成为当时中国共产党领导的七大战略区之一。这些革命成果充分彰显了党领导大别山军民在血与火斗争中传承大别山红色基因所获得的。

大别山红色基因奠定了大别山成为中国革命战争实现伟大战略转折地。随着中国革命力量不断增强,中国革命战争面临着由战略防御向战略进攻的伟大转折。由于大别山离国民党统治中心南京和军事要地武汉较近,控制大别山具有重要的战略意义。1947年8月,刘邓大军千里跃进大别山,实施外线出击,像一把钢刀直插敌人的心脏。刘邓大军千里跃进大别山带动了全国解放战争各战场的战略反攻,加快了解放战争快速走向胜利,使大别山成为中国革命走向全面胜利的战略转折地。刘邓大军赓续传承着大别山红色基因,使中国革命实现了这一战略转折。

第三节 大别山红色基因的时代价值

大别山红色基因同我党我军其他红色基因一样,不但在革命战争年代发挥了重要作用,在新时代依然迸发出新的时代光芒。

一、为推进党的建设新的伟大工程提供丰富资源经验

习近平主席对于中共党史、革命精神的历史意义和时代价值具有深刻的认识。他指出:"历史是最好的教科书。对我们共产党人来说,中国革命历史是最好的营养剂。"[①]大别山革命老区拥有众多全面闻名的革命博物馆、纪念馆、烈士陵园等红色文化场馆,是抓好党史教育、提高党建质量的优势资源。创建于大别山革命年代的鄂豫皖苏区根据地是我们党的重要建党基地,创

---

① 《党面临的"赶考"远未结束——习近平总书记再访西柏坡侧记》,《人民日报》,2013年7月14日。

造了丰富的建党历史经验,可为推进党的建设新的伟大工程提供宝贵的经验镜鉴。

对于用好党的历史和红色资源抓好党的建设,习近平主席非常重视。2019年9月,他在考察鄂豫皖首府新县时强调指出:"党员、干部要多学党史、新中国史,自觉接受红色传统教育,常学常新,不断感悟,巩固和升华理想信念。革命博物馆、纪念馆、党史馆、烈士陵园等是党和国家红色基因库。要讲好党的故事、革命的故事、根据地的故事、英雄和烈士的故事,加强革命传统教育、爱国主义教育、青少年思想道德教育,把红色基因传承好,确保红色江山永不变色。"[①]大别山不仅拥有"二十八年红旗不倒"的革命历史传奇,而且拥有红色资源厚重、全国闻名的革命历史场所,是全党开展党史学习教育和抓好党建工作的重要载体。如金寨县博物馆、鄂豫皖革命纪念馆、鄂豫皖苏区首府烈士陵园、鄂豫皖苏区首府革命博物馆、许世友将军故里等都是党和国家红色基因库的重要组成部分,是学习党史、缅怀革命先烈、重温入党誓词等主题教育重要场所。根据有关统计,仅2019清明假日期间,金寨县博物馆、新县许世友将军故里、鄂豫皖苏区首府烈士陵园每天接待量突破5000人次,鄂豫皖革命纪念馆、邓颖超祖居等每天接待量逾6000人次,信阳市红色景点接待人员累计12万余人次。

在大别山长期的革命斗争中,涌现出的许多模范人物及其

---

① 习近平:《论中国共产党历史》,北京:中央文献出版社,2021年,第111页。

英雄事迹。大别山红色基因蕴含着我们党的光荣传统和优良作风,这些都是对我们党坚守初心使命的生动诠释。通过学习大别山革命人物事迹,激活其蕴含的红色基因是抓好党的主题教育的重要渠道。曾经在大别山战斗过的邓小平、李先念、董必武、徐向前、刘伯承、徐海东、王树声、许世友、洪学智、刘华清等他们把毕生精力贡献给了党和人民,为中华民族独立和解放建立了不朽功勋,为中国社会主义建设和改革作出了杰出贡献。在他们的身上,展现出坚守初心使命、献身信仰信念的崇高品格,实事求是、真抓实干的务实精神,不怕万难、改革创新的使命担当,是提高党员党性修养、坚定理想信念的宝贵资源。大别山革命战争年代留下的丰富建党资源,是推进党的建设新的伟大工程取之不尽的精神财富。

鄂豫皖苏区根据地是我们党的重要建党基地,创造了丰富的党的建设经验,从实践上可为党的建设提供重要借鉴。土地革命战争时期,鄂豫皖苏区革命根据地的党组织在残酷的革命斗争中始终重视党的建设,尤其是党的组织建设。1931年5月,中共中央鄂豫皖分局、中共鄂豫皖省委成立时,鄂豫皖苏区根据地已建立县级党组织30个,发展党员2.3万人。党的组织建设在鄂豫皖苏区根据地建设中发挥了统领作用。在大别山三年游击战争时期,革命形势极为严酷,革命斗争极为困难。重建的红二十八军,在高敬亭的带领下,坚持越是困难越是注重加强党的建设,创造的经验值得现在借鉴。如坚持用强有力的思想政治工作来教育红军官兵,通过召开党团员大会、印发《红军政治教材》和《红军须知》等教材等方法,使指战员保持革命的理想信念、革命斗争的热情和团结一致的官兵关系;坚持支部建在连上,严格落实党的组织制度,坚持积极慎重的态度高质量发展党员,发挥党员带头作用等,使官兵一直保持严格的纪律和旺盛的战斗热情。加强党的建设是红二十八军成为一支打不散、拖不垮的整建制游击队伍的根本原因。

在抗日战争时期,李先念在大别山地区曾进行了有效的反腐败斗争工作。1942年3月,他主持的豫鄂边区第一届抗日人民代表会议的一项重要内容就是反对腐败,会议通过的《豫鄂边区施政纲领》中明确规定:"实行简政政策,厉行廉洁政治,提高行政纪律和工作效能,以便尽快根除各级政权脱离民众的官僚作风,如公务人员有贪污决职等违法行为者加重治罪。"[①]李先念曾先后两次下达了关于消灭贪污腐化浪费恶风问题的训令。训令强调:"消灭贪污腐化是改造干部思想,巩固党、军队和根据地的重要步骤。必须把贪污腐化的范围扩大到反对颓废、堕落、消极、'老大'的精神腐化上来。""不贪污不腐化是共产党员的起码条件。""贪污一分钱是对党的犯罪。"这期间,共清查出较大的贪污案件100余起。1943年11月,李先念亲自批准处决了2名担任团领导职务的腐败分子。他在会上强调:"为了使党能领导人民进行革命,使我们能得人民真心实意的拥护,对于违法犯纪的

---

① 马武洪、王德宝等:《新四军和华中抗日根据地史料选》第4辑,上海:上海人民出版社,1987年,第225页。

人是不能宽容的,是要进行严厉制裁的。""绝对自觉地遵守党纪军纪,千万不要知法犯法,特别是共产党员要做一个执行党纪军纪政府法令的模范,来影响别人,到任何地方工作,自己应该时刻记住,自己是布尔什维克之一员!"①这些经验做法对新时代抓好党的厉行节俭和反腐败斗争具有十分重要的时代价值。

在解放战争时期,刘邓大军在紧张的战争期间,针对部分党员存在的思想不纯、作风不纯、动机不纯的问题,实施了"三查三整"等系统整党工作,提高部队战斗力。

党的建设永远在路上。新时代党的建设的征程中仍有许多拦路虎,"七个有之"的问题在党内依然存在,官僚主义、享乐主义、奢靡之风仍未彻底根除。前事不忘,后事之师。要真正克服这些问题和障碍,需要我们借鉴党在大别山革命斗争中摸索出来的历史经验,为今天党的建设提供历史镜鉴。

二、为塑造社会主义核心价值体系提供重要精神引领

大别山红色基因与社会主义核心价值体系都属于精神文化的范畴。二者都渊源于中华优秀传统文化,都是马克思主义中国化的精神成果。大别山红色基因是培育社会主义核心价值体系的深厚源泉。"历挫弥坚的理想信念、不胜不休的斗争精神、敢于牺牲的大局观念、依靠群众的宗旨意识和艰苦奋斗的革命

---

① 《李先念传》编写组:《李先念传(1909—1949)》,北京:中央文献出版社,1999年,第437页。

本色"是大别山红色基因的内涵要义,体现了我党我军和人民群众在革命斗争时期对马克思主义、共产主义共同理想的追求与奋斗。社会主义核心价值体系的实现,依赖于包括大别山红色基因在内的党的红色基因谱系的价值支撑。传承、弘扬大别山红色基因与培育、践行社会主义核心价值观是同一个过程。因此,习近平主席考察安徽金寨时就指出:"革命传统教育要从娃娃抓起,既注重知识灌输,又加强情感培育,使红色基因渗进血液、浸入心扉,引导广大青少年树立正确的世界观、人生观、价值观。"[①]

大别山红色基因是社会主义核心价值体系的重要思想资源,可为塑造社会主义核心价值体系发挥重要引领作用。利用大别山红色基因进行理想信念教育就是培育社会主义核心价值体系的有效路径。因为大别山红色基因蕴含了历挫弥坚的理想信念,充分体现了党的初心使命。位于大别山地区的各类革命遗址、遗迹、博物馆、纪念馆、烈士陵园,是大别山红色基因的物质性载体,都是进行理想信念教育的活教材。

大别山革命斗争培育造就了众多英雄群体,如以董必武、陈潭秋为代表的革命播种者英雄群体,以徐向前、王树声为代表的红四方面军英雄群体,以徐海东、吴焕先、程子华为代表的红二十五军英雄群体,以李先念、郑位三为代表的新四军五师英雄群体,以刘伯承、邓小平为代表的千里跃进大别山英雄群体。[②] 这

---

① 习近平:《论中国共产党历史》,北京:中央文献出版社,2021年,第108页。
② 李庚香:《用大别山精神筑牢党性之魂——学习习近平总书记视察河南讲话体会之一》,《领导科学》,2019年11月(上),第6页。

些英雄群体胸怀全局、浴血奋斗、不怕牺牲、排除万难的精神是培育和践行社会主义核心价值体系的重要途径。推进大别山红色基因代代传,可以引导人民尤其党员干部在处理义与利、奉献与索取、个人与集体之间的关系时做到正确取舍;能够激发广大党员干部、群众的历史使命感和责任感。

三、为实现党在新时代的强军目标提供丰厚政治滋养

2018年6月,中央军委印发的《传承红色基因实施纲要》指出:"大力传承红色基因,是新时代政治建军的战略任务和基础工程,对于激励官兵铭记历史、不忘初心、牢记使命、不懈奋斗,奋力实现党在新时代的强军目标、把人民军队全面建成世界一流军队,具有重要意义。"[①]

大别山革命历史是我军在新民主主义革命时期成长壮大史的缩影。大别山红色基因,是我党我军的第一代基因,蕴含着一心向党的忠诚基因、不胜不休的胜战基因、艰苦奋斗的作风基因,是滋养我军成长壮大的宝贵精神财富。推进大别山红色基因代代传,可以厚植绝对忠诚的政治根基,汇聚能打胜仗的意志力量,筑牢纪律严明的顽强作风,为实现党在新时代的强军目标提供丰厚政治滋养。

大别山红色基因的核心是历挫弥坚的理想信念,最重要的基点就是"一心向党、对党忠诚"。这是大别山军民革命战争年

---

① 中央军委:《传承红色基因实施纲要》,《解放军报》,2018年06月18日01版。

代艰难困苦、玉汝于成"二十八年红旗不倒"的根本之所在。站在两个一百年的历史交汇点上,面对西方敌对势力加紧对我军实施的拔根去魂的"政治转基因"攻势,用大别山红色基因亮剑"政治转基因"来举旗铸魂、凝魂聚气显得特别迫切、重要。用大别山红色基因坚守初心使命,可以确保我军永远听党话、跟党走,任何时候、任何情况下坚决听从党中央、中央军委和习主席指挥。这是新时代推进大别山红色基因代代传的重要价值指向。

大别山红色基因蕴含了英勇善战、不怕牺牲、不胜不休的浓厚基因,是大别山红色基因的突出特色。鄂豫皖根据地的红军能征善战、敢打大仗、硬仗、恶战,"能打仗、打胜仗"是流淌在大别山军民血脉中最优秀的胜战因子。徐向前、徐海东、王树声、许世友都是我军以勇猛著称于世的将帅。徐海东大将,人称"徐老虎"。他作战勇敢、不畏艰险、敢打必胜,先后9次负伤,身上留下17处伤疤。毛泽东同志盛赞他是"中国工人阶级的一面旗帜""红军的领袖,群众的领袖""对中国革命有大功的人""最好的共产党员"。他常常对部下讲:打仗没有什么窍门,主要靠在实战中摸索,不怕苦,不怕死。激活大别山红色基因中的胜战因子,对搞好"传承红色基因,担当强军重任"主题教育,激发官兵练兵备战热情动力具有重要的时代意义。

革命战争年代,大别山创建的红军队伍纪律非常严明。《三大纪律八项注意》源自大别山革命战争年代,是大别山红军唱响起来的。李先念在鄂豫边区开展厉行廉洁政治、反对腐败活动。刘邓大军千里挺进大别山,利用训练间隙开展"三查三整"整军运动。这些纯洁部队风气的做法对我军现阶段严守政治纪律和政治规矩,严格落实中央八项规定和军委十项规定精神,深入纠治"四风"特别是形式主义、官僚主义问题,持续纠治发生在官兵身边的不正之风和基层"微腐败",推动全面从严治党、全面从严治军要求在部队落地落实具有重要意义。

四、为推动大别山老区的振兴发展提供强大精神动力

大别山革命老区跨湖北、河南、安徽三省。现阶段,大别山地区多数县市区的经济社会发展与全国发达地区相比,还有不小的差距。加快革命老区建设,是党中央、国务院着眼全局,关心老区,推进区域协调发展作出的一项重大战略决策。推进大别山革命老区振兴发展,是支持大别山老区加快发展的重要战略举措,有利于缩小地区发展差距,促进区域协调发展;有利于适应经济发展新常态,挖掘经济增长新动力,对加快大别山革命老区发展、早日让老区人民过上富裕幸福的生活具有重要意义。目前,推动大别山革命老区振兴发展的任务还非常繁重,面临着许多困难挑战,而克服困难就特别需要拿出大别山红色基因所蕴含的那股迎难而上、不怕牺牲、艰苦奋斗干革命的劲头。大别山红色基因具有革命性和地域性的特征,为大别山革命老区振兴发展提供直接的强大精神动力。

大别山地区是全国重要的红色文化资源集中分布区,保存有大量丰富的革命军民艰苦奋斗的印记。大别山革命历史、革命文物、革命遗址遗迹等大别山红色基因的重要载体,是党和国

重要的红色基因库。推进大别山红色基因代代传,让大别山红色基因融入老区人民血脉,从中砥砺干事创业的初心使命,领悟团结奋进的品格,汲取奋进前行的力量,为大别山老区振兴发展提供坚强有力的精神文化支撑。

在革命战争年代,大别根据地军民胸怀全局、初心如磐、信念坚定、迎难而上、甘于牺牲,是"二十八年红旗不倒"原因之所在。勇往直前、不怕牺牲是大别山革命英烈们最鲜明的精神特质。红四方面军作为红军的三大主力之一,作战素有"狠、硬、快、猛、活"的特点。红二十五军是我军四支长征队伍中人数最少、平均年龄最小队伍,孤军北上,当先锋、打头阵,踏遍千山万水,克服重重困难,最先到达了陕北。沐浴着大别山红色基因的一支标准的"童子军"却是三支主力红军长征的开路者、党中央的马前卒,成了迎接党中央和中央红军的"北上先锋"。

在实现大别山老区振兴的征程中,要牢记习近平主席考察安徽、湖北、河南时的重要讲话精神,用好大别山红色资源、发扬好大别山革命传统、传承好大别山红色基因,让大别山革命时期留下的伟大精神财富继续成为振兴老区前进的强大动力,化作大别山老区人民攻坚克难的强大精神力量,奋力争先,谱写新时代大别山地区更加绚丽的建设篇章,为实现中华民族伟大复兴的中国梦作出大别山革命老区的新贡献。

第二章

大别山红色基因赓续的历史轨迹

理论来源于实践。革命的理论产生于革命的实践。红色基因的产生与特定的历史条件、特定的历史任务相联系。大别山红色基因的产生离不开大别山波澜壮阔、艰苦卓绝的革命实践,随着大别山区革命实践的发展而不断发展,并在长期的革命、建设和改革实践中赓续传承。

大别山红色基因赓续传承,离不开三个要素:主体构建——中国共产党的领导;实践基础——大别山革命斗争;地域范围——鄂豫皖三省交界的大别山地区。在整个新民主主义革命时期,在党的领导下,大别山军民抛头颅、洒热血,用如山的脊梁扛起了民族复兴的大任,用的崇高的理想、坚定的信念、非凡的勇气铸就了大别山"二十八年红旗不倒"的革命传奇。

大别山地区的革命斗争是中国新民主主义革命全局中的一个重要组成部分。从1921年中国共产党的成立开始,历经大革命时期、土地革命战争、抗日战争、解放战争,到中华人民共和国成立,我们党的组织及其领导的革命武装坚守在大别山地区从事革命活动,是培育大别山红色基因的关键时期。从发动黄麻、商南、六霍"三大武装起义"到鄂豫皖苏区革命根据地的创建,从红四方面军主力实施战略转移到红二十八军坚持的三年游击战争,从豫鄂边抗日根据地的开创到豫鄂边抗日根据地的战略作用日益凸显,从中原突围到从刘邓大军千里挺进大别山,在长期的革命实践中大别山地逐渐铸就了彪炳史册的红色基因。大别山红色基因赓续传承历程,大致经历了六个阶段。

第一节 中国共产党创建与大革命时期孕育

鸦片战争之后,在半殖民地半封建社会的中国这一特定社会历史背景下,大别山地区的人民群众,同全国其他地区的人民群众一样,在帝国主义、封建主义和官僚资本主义"三座大山"的剥削和压迫下,过着极其悲惨的生活。地主豪绅巧立各种苛捐杂税,无止境地榨取劳动群众的血汗,贫苦的农民一般要将土地产量的50％交给地主。加之北洋军阀横征暴敛和军阀连年混战,致使大别山地区饥荒频繁,经济崩溃,可谓满目疮痍、民不聊生。正是因为大别山自然条件恶劣,人民群众深受军阀豪绅的种种压榨生存极度艰难,导致了大别山地区各种社会矛盾空前激化,致使大别山地区人民群众没有不热切地盼望暴动的。这为我们党在大别山地区开展活动、组织农民运动提供了良好的经济基础和群众基础。

大别山地区的革命思想传播较全国大部分地区时间早且基础厚实。早在旧民主主义革命时期,大别山地区的人民群众就已接受了革命思想的洗礼。这里曾是维新运动和辛亥革命的活跃地。大别山知识分子积极参加革命活动,宣传革命思想,在开通民智方面的成效,形成"革命思潮遍于乡里"的局面。在辛亥革命和其后的反军阀斗争中,新文化运动逐步兴起,尤其是在外求学的大别山地区进步学子回乡积极传播新思潮。1917年10月,在恽代英等领导下,在武汉地区成立了进步团体"互助社"。1920年2月,恽代英与林育南在武昌创办的"利群书社",销售各种马克思主义著作和进步书报杂志,是长江中游地区传播新思想新文化和宣传马克思主义的重要阵地。1920年7月,"利群书社"被迫停业转移到黄冈成立"共存社"。1920年10月,董必武、陈潭秋在武汉创建了共产主义小组。这些进步组织吸引了大批知识分子和革命青年参加,通过办刊办校等方法向青年人传播新思想,是全国响应北大新思潮的先驱者。在皖西,1920年初,安徽省立第三甲种农业学校的朱蕴山等筹建成立了中国革命小组,研究和传播马克思主义,并成立爱国剧社,通过演出宣传革命、宣传新思想。新思想尤其是马克思主义的传播对大别山地区产生了积极的影响。在豫南,1920年冬,恽代英将"互助社"迁到信阳柳林学校,传播马克思主义,发动工农运动。这些活动都为马克思主义在大别山地区的传播创造了有利条件。这说明,中国共产党建党前,大别山地区已初步有了以马克思主义为主导的思想根基,民众对革命有了内在的强烈诉求,为大别山红色基因萌芽奠定了重要思想基础。

1921年7月,董必武、陈潭秋和陈独秀的个人代表包惠僧三人均来自大别山地区,出席了中国共产党的"一大"。中国共产党成立后,大别山地区很快就成立了党的正式组织。陈潭秋参加党的"一大"后回到家乡黄冈,传播马列主义,秘密筹划建立农村基层党组织。1922年2月,中共陈策楼小组成立,这是我们党在湖北建立的第一个农村组织,也是大别山地区成立最早的地方党组织。1922年春,安徽寿县建立了安徽最早的党小组——中共寿县小甸集小组。1923年冬,安徽寿县小甸集成立了党的支部。豫南的商城、光山两县于1924年建立党小组。1925年至1927年,大别山地区的河南、安徽一些县相继建立党的组织。党的组织建立后,积极投入领导当地的工人运动和学生运动中。比如,党组织指导当地群众先后成立工会和革命青年的各种团体组织,出版《血拼》《黄安青年》《环铎》等革命刊物,通过兴办乡村平民学校、夜校等活动传播革命思想,使马克思列宁主义革命理论得到广泛传播,党的反帝反封建的纲领日益深入人心。党的四大后,中共四大的决议精神迅速传达到大别山地区。在此基础上,党的组织通过各种秘密革命群众团体,开始领导当地农民进行经济斗争、政治斗争和思想斗争,逐渐建立了农民革命政权,使得党的主张、宗旨开始在农民群众中逐渐传播开来。

为了进一步扩大中国共产党的影响和推进革命运动的高涨,此时何来农民革命政权? 保证农村革命的胜利,党的组织逐步建立了农民武装。1926年冬,黄安县共产党员先后组成三支农民群众武装,这是大别山地区在党领导下建立的最早的农民武装。大别山地区群众在党领导的工农运动革命实践中,逐渐成长为具有坚定红色信仰和顽强斗争精神的革命力量。马克思主义在大别山地区的传播,人民群众在新民主主义革命初期持续的反帝反封建革命活动和初步的武装斗争锻炼中孕育了大别山红色基因的雏形,奠定了大别山红色基因形成的马克思主义理论和革命实践基础。

第二节 大别山地区"三大武装起义"中萌芽

正当大别山地区革命风起云涌之时,以蒋介石、汪精卫为代表的国民党反动派相继发动了"四·一二"和"七·一五"反革命政变,大批共产党人和革命群众被杀,全国处于白色恐怖之中,标志着轰轰烈烈的大革命失败。在中国革命生死存亡的危急关头,1927年8月7日,我们党在汉口召开了紧急会议,这就是彪炳史册的"八七会议"。会议确定了实行土地革命和武装起义的方针,把组织领导农民进行秋收起义作为当前党的最主要任务,提出在农民运动基础较好的湖南、湖北、江西和广东等四省举行秋收起义。在"八七会议"精神指引下,在大别山各级党组织的领导下,在大别山地区相继发动了著名的黄麻、商南、六霍"三大武装起义"。

1927年11月,根据湖北省委秋收起义计划,在中共黄麻特委的领导下，2万多名手持大刀、长矛、土枪的农民武装，攻克了黄安县城，缴获了大量枪支弹药，这就是著名的黄麻起义。起义军攻克黄安县城后，宣布成立了黄安农民政府，创立了以麻城自卫军为主体的工农革命军鄂东军。12月初，在敌人重兵围攻下，起义军被迫突围，撤出了黄安县城。1928年初，鄂东军改编为中国工农革命军第七军。5月，该军进驻柴山保地区，创建了鄂豫边革命根据地。7月，中国工农革命军第七军改编为中国工农红军第十一军第31师。这是大别山地区第一支红军武装。

黄麻起义是继南昌起义、秋收起义后，我们党在大别山地区领导的一次完全由农民参加的武装起义，其规模之大，参加人数之多、坚持时间之长在全国范围内都是有重大影响的。黄麻起义创建的鄂豫边根据地，是我们党在大别山地区开辟的第一块农村革命根据地，为鄂豫皖苏区根据地形成奠定了坚实基础。在鄂豫边根据地开展游击战争，实行工农武装割据，是我们党在大别山地区探索农村包围城市、武装夺取政权革命道路的重要尝试。从时间和革命实践来看，鄂豫边根据地和井冈山革命根据地对中国革命道路的探索是相类似的，这就决定了大别山和井冈山一样，都是革命之山、红色之山。

在黄麻起义的影响下，豫东南的革命形势也如火如荼。1929年5月6日立夏节那天，在中共商、罗、麻特别区委的领导下，河南省商城县各地民团宣布起义，这就是著名的商南起义。5月9日，起义武装在南溪（今金寨县）集结，成立了中国工农红军第十一军第32师。经过游击战争，起义军建立了豫东南革命根据地。商南起义是我们党在土地革命战争早期在大别山地区组织的又一次成功的农民暴动,改变了大别山敌我斗争的格局,为后来的鄂豫皖苏区根据地的形成奠定了重要基础。

商南起义后,皖西革命形势也风起云涌。1929年11月,位于皖西的六安、霍山、霍邱一带的农民和民团万余人,手持大刀、长矛、土枪,从四面八方涌向六安独山镇,举行了声势浩大的武装起义,这就是著名的"六霍起义"。1930年1月,各起义武装在流波疃集结,改编为中国工农红军第三十一军第33师。红33师成立后在大别山积极开展游击战争,创建了皖西革命根据地。

"三大武装起义"是在大别山党组织的完全领导下进行的,其重要成果是将农民武装改编成红军,进行游击战争,分别建立了鄂豫边、豫东南、皖西三块根据地,是以毛泽东为代表的中国共产党人开创的以农村包围城市、武装夺取政权中国特色革命道路的重要实践探索之一。在革命的实践中,党和大别山民众团结一心,勇于探索,接续战斗,不怕牺牲,大别山红色基因破土而出。

第三节　鄂豫皖苏区革命根据地斗争中形成

大别山红色基因是在鄂豫皖苏区革命根据地的创建和及在根据地的残酷斗争中逐步形成的。

1930年2月,为了统一领导鄂豫皖边区的革命斗争活动,中央决定成立鄂豫皖边特委,郭述申任书记;4月,成立红一军,许继慎任军长,曹大骏任政治委员,徐向前任副军长;6月,在河南光山县召开了鄂豫皖边区第一届工农兵代表大会,建立了鄂豫皖边区苏维埃政权。鄂豫皖边区特委、红一军、鄂豫皖边区苏维埃政府的成立,标志着以大别山脉为中心的、继中央苏区之后的全国第二大革命根据地——鄂豫皖苏区革命根据地正式形成。鄂豫皖苏区全盛时期辖20多县,总人口350万人,主力红军达4.5万人。

1931年1月,红十五军与红一军合编为中国工农红军红四军。5月,鄂豫皖中央分局和鄂豫皖革命军事委员会在河南光山县成立。同年11月,中国工农红军第四方面军成立,徐向前任总指挥,陈昌浩任政委。

随着鄂豫皖苏区革命根据地的建立及其割据势力的快速发展,使得国民党统治集团感受到了威胁。因此,在鄂豫皖革命根据地建立不久,国民党对鄂豫皖革命根据地的大规模"围剿"便随之开始了。从1930年冬到1932年6月,国民党军先后对鄂豫皖苏区革命根据地发动了三次"围剿"。面对敌人的进攻,鄂豫皖苏区革命根据地和红四方面军采取灵活机动的战术,主动退却,诱敌深入,避强击虚,包围迂回,集中优势兵力各个歼敌,先后粉碎了敌人的三次"围剿"。三次"围剿"挫败后,1932年7月,蒋介石调集30万军队,开始对鄂豫皖苏区革命根据地实施更大规模的第四次"围剿"。8月初,国民党军开始大举进攻,由于鄂豫皖中央分局领导人张国焘推行王明"左"倾教条主义路线,红四方面军虽然英勇作战,但未能改变被敌人步步紧逼的严峻局面,第四次"反围剿"失败。1932年10月,红四方面军主力被迫退出鄂豫皖苏区革命根据地,越过平汉路,向西转移至川陕边地区,后进行了伟大的长征。留在鄂豫皖苏区革命根据地的部分红军和地方武装,合编为红二十五军,在徐海东、吴焕先等率领下继续坚持斗争。

国民党军乘红四方面军撤出鄂豫皖苏区根据地之际,1933年夏,继续纠集重兵对鄂豫皖苏区进行第五次"围剿",根据地和红军遭受了重大损失。根据中央指示,1934年11月,有"童子军"之称的红二十五军,为策应中央红军,离开鄂豫皖苏区,北上抗日,以坚定的革命信念、非凡的智慧勇气,克服了重重险阻,完成了伟大的长征,于1935年9月最先到达陕北,迎接党中央和毛主席,为中国革命作出了重要贡献。

红二十五军撤出鄂豫皖苏区根据地后,国民党派出10万正规军对鄂豫皖苏区疯狂地"清剿",大别山革命斗争更加严峻。国民党军无所不用其极,大肆屠杀大别山军民,创造了许多惨绝人寰的无人区、无人村。但是,严峻的形势和残酷的手段并没有吓到鄂豫皖苏区根据地军民,在高敬亭的领导下,留在大别山的红军和游击队重新组建为红二十八军,开始了大别山三年艰苦卓绝的游击战争。红二十八军在极端困难的条件下,凭借历挫弥坚的理想信念、甘于牺牲的斗争精神,紧紧依靠大别山人民群众,紧密地团结在党的周围,靠着一不怕苦、二不怕死的革命精神,灵活运用游击战的战略战术,创造了"便衣队"这种特殊的斗争组织形式,接连粉碎了敌人的各种清剿,创造了红军游击战争不朽的传奇。

红二十八军在大别山三年游击战争是我们党领导下的南方八省三年游击战争的重要组成部分,是唯一保留军级建制、人数最多的游击队。大别山游击区是党的三年游击战争中最大的一块游击区,是牵制敌最多的游击区,是创造大别山"二十八年红旗不倒"突出贡献者。

"相当力量的正式红军的存在,是红色政权存在的必要条件"。大别山军民在血与火的残酷革命斗争实践日益强大,他们对红色信仰的坚持逐渐演变成大别山红色基因的特质,大别山红军、红色政权、革命斗争的存在,是大别山红色基因发展的重要依托。"中国红色政权首先发生和能够长期地存在的地方,不是那种并未经过民主革命影响的地方"。大别山红色基因的形成,离不开大别山军民在土地革命战争时期积极投身革命、献身革命的伟大历史实践,大别山地区军民是大别山红色基因的创造主体。大别山红色基因在土地革命战争时期的形成是历史的必然和现实的需要,是中国新民主主义革命和大别山人民群众双向选择的必然结果。

第四节 华中敌后抗日烽火中发展

抗日战争时期是大别山红色基因的发展阶段。1937 年 7 月

7日,以"卢沟桥事变"的爆发为标志,日本发动全面侵华战争。中国共产党为挽救民族危亡,命令南方各地红军和游击队与当地国民党军队进行停战谈判,联合抗日。经过曲折复杂的斗争,各游击区的红军和游击队陆续与国民党地方当局达成了停战和改编协议。根据改编协议,南方各地红军和游击队改编为国民革命军陆军新编第四军(简称新四军),叶挺任军长,项英任副军长。全军编为4个支队,其中第4支队是由鄂豫皖苏区根据地高敬亭领导的红二十八军和大别山地方武装等改编而成的,全支队3000余人,人数居各支队之首。

1938年11月,中共中央成立了中原局,决定撤销原河南、湖北省委,设立了豫南、鄂豫皖、鄂中、鄂东等几个党的委员会。中共中央为建立横跨中原的抗日根据地,于1939年派李先念来大别山地区组建了新四军鄂豫独立游击支队。1939年11月,根据中共中央和中原局的部署,决定撤销鄂豫皖、豫鄂、鄂中等几个党的委员会,成立新的鄂豫边区委员会,将三个地区的抗日武装合编为新四军豫鄂挺进纵队。1940年1月,新四军豫鄂挺进纵队成立,李先念任司令员,而后独立开展游击战争,建立了豫鄂边抗日根据地。1941年,皖南事变后,鄂豫挺进纵队改编为新四军第五师,李先念任师长兼政治委员。豫鄂边抗日根据地和新四军第五师,在转战大别山斗争中,紧紧依靠鄂豫边区人民群众,发扬艰苦奋斗、勤俭节约的良好作风,英勇顽强地开展游击战争,多次粉碎日军的多次"扫荡",沉重地打击日伪军,使得鄂豫边区抗日根据地日益巩固和壮大。"到1944年,豫鄂边区发展到地跨河南、湖北、安徽,乃至湖南、江西5省许多地区,成为党在中原敌后的独立战略区"。①"抗战胜利时,鄂豫边根据地已扩展为包括豫中、豫南、豫西、鄂中、鄂西和皖西60个县在内的中原解放区"。②

鄂豫边抗日根据地,是我们党在大别山地区坚持抗战的一个重要的战略支点。在抗日战争中,虽然大别山地区并不是对日作战的主战场,但大别山军民作战中用鲜血和生命铸就的大别山红色基因得到了不断发展,为夺取全民族抗战的最后胜利提供了强大精神动力,作出了重要贡献。

第五节 创建大别山解放区中成熟

解放战争时期是大别山红色基因的成熟阶段。抗日战争胜利后,经过八年浴血奋战的大别山军民同全国人民一样,热烈拥护中国共产党提出的建立一个光明自由的新中国。前期革命斗争中培育出来的大别山红色基因,在这一时期作为重要的精神力量走向成熟。解放战争时期,大别山区是中共战略部署的重要区域。从中原突围到刘邓大军千里挺进大别山,大别山地区全面进入了推翻国民党反动派统治、解放全中国的革命斗争时期。

---

① 石仲泉:《"大别山精神"刍议》,《苏区研究》,2017年第4期,第52页。
② 田青刚:《大别山精神》,北京:中央党史出版社,2020年,第25页。

为了完成党中央赋予的牵制国民党军的战略任务,孤悬敌后的中原军区部队处境十分艰难,但胸怀战略全局,发扬自力更生、艰苦奋斗精神,克服了国民党实施经济封锁等带来的种种困难,坚守中原斗争,以缓解全国其他解放区的斗争压力。中原解放区地处中原腹地,紧扼平汉路,对国民党军具有巨大的牵制作用。抗战胜利后,在国民党军的包围和蚕食下,到全面内战爆发时,中原解放区仅剩下了平汉路以东以宣化店为中心方圆不足百里的狭小地区。为消除"心腹之患",1946年6月,国民党军调集30万部队对中原解放区发起大规模的进攻,中原大战爆发。面对严峻形势,中共中央、中央军委多次指示中共中央中原局和中原军区,在情况紧急时,以一部兵力坚持原地区斗争,主力向西突围转移。遵照中共中央指示,6月26日,中原军区主力分路向西突围,突破了国民党军的包围和堵截,于7月、8月在陕南、鄂西北创建了两块游击根据地。担任掩护任务的皮定均旅向东突围,于7月间顺利进入苏皖解放区。至此,中原突围取得了巨大胜利。中原军区部队坚守在鄂豫地区艰难斗争一年多,牵制国民党军队30万,为全国各解放区迎击国民党发动的全面内战赢得了宝贵的准备时间,充分彰显了中原解放区军民听党指挥、胸怀全局、英勇善战、甘于牺牲的大别山红色基因。

1947年3月,蒋介石为解决兵力不足的问题,放弃了全面进攻计划,对解放区采取重点进攻策略,分别抽调45万人和25万人企图首先消灭陕北、山东两个解放区的人民军队。根据解放战争形势的发展,中共中央、中央军委决定不待国民党军的进攻全部被粉碎和总兵力超过国民党军,即组织人民解放军由战略防御转入战略进攻。将人民解放军的主力打到外线去,把战争引向国统区,彻底改敌我攻防态势。

1947年6月30日,刘伯承、邓小平率领的晋冀鲁豫野战军主力12万人一举突破黄河天险,揭开了解放战争战略反攻的序幕。同年8月7日至27日,刘邓大军先后突破国民党军20多个旅数十万人的围追堵截,先后越过陇海路,涉过黄泛区,跨过沙河、涡河、汝河、淮河等天然屏障,硬是杀出了一条血路,最后胜利到达大别山地区。从9月上旬开始,蒋介石以23个旅的兵力,对驻守大别山的刘邓大军进行围攻。刘邓大军传承发扬大别山基因,克服部队极度疲劳和严重减员等极大困难,以主力出击皖西、鄂东,至11月底共歼国民党军3万余人,建立县级民主政权33个,在大别山地区开辟了鄂豫、皖西、桐柏、江汉等4个解放区,恢复并扩大了中原解放区。刘邓大军千里挺进大别山,犹如一把钢刀插入了国民党反动派的心脏,中国革命斗争形势实现了由防御到进攻的伟大转变。

刘邓大军为了完成中央赋予的战略任务,在挺进大别山的征程中,由于实行的是"无后方依托"作战,遭到的困难之大、牺牲之大前所未有。既有高山、河流等天然屏障,又有国民党军几十万大军的围追堵截和天上飞机的狂轰滥炸。刘邓大军全体将士赤心向党,向死而生,喊出了"狭路相逢勇者胜,杀开一条血路"进军大别山的口号,秉持大别山红色基因蕴含的必胜的理想信念、甘于牺牲的大局观念、不胜不休的斗争精神和依靠群众的宗旨意识,紧紧依靠大别山群众,克服了难以想象的重重困难,付出巨大牺牲,最终胜利完成了千里挺进大别山的战略重任。"刘邓大军千里跃进大别山是中国革命战争的一个重要分水岭,大别山由此成为中国革命战争走向全面胜利的战略转折地"。[①]

在整个新民主主义革命时期28年间,大别山军民在党的领导下,虽历经千辛万苦,却始终坚韧不拔,红旗不倒。大别山革命武装始终存在,根据地始终存在,革命斗争始终不息。大别山红色基因从孕育、萌芽到形成、发展、成熟的过程与新民主主义革命的历史融合为一。

第六节 社会主义革命建设改革中光大

大别山革命老区在血与火、生与死、得与失、大家与小家的激烈碰撞、取舍中,创造了底蕴丰厚的大别山红色基因。无论是在硝烟弥漫的革命战争年代,还是在经济建设为中心的和平时期,为了祖国和民族可以献出一切的精神品质,都是大别山地区人民群众的历史自觉,也是大别山红色基因的内涵要义。党和人民不会忘记,共和国也不会忘记,在这片红色的土地上,无数革命先烈长眠于此,无数革命先烈血洒于此,他们用生命和鲜血铸就的革大别山红色基因已经深深熔铸在一代代中国共产党人

---

① 田青刚:《大别山精神》,北京:中央党史出版社,2020年,第29页。

和人民群众的血脉之中,镌刻在党和人民事业的历史丰碑上,永远铭记在共和国史册上,屹立在中华民族前行的每一个脚印之中,激励着一代代中华儿女永葆初心、永远奋斗。

新中国成立后,告别烽火岁月,大别山地区人民群众继承和发扬大别山红色基因,无论是在战场上抗击敌人,还是在自然灾害面前义无反顾;无论是牺牲小我成全大我还是自力更生脱贫致富,大别山区人民群众都付出了巨大牺牲和奉献,取得了经济社会建设发展的一个又一个新成就。

1950年10月19日,中国人民志愿军雄赳赳气昂昂跨过鸭绿江,中国人民伟大的抗美援朝战争拉开帷幕。在伟大的抗美援朝战争中,大别山地区人民群众踊跃报名参军,积极支援前线,作出了突出贡献。仅金寨县就有1104人报名参加抗美援朝,528人被批准加入中国人民志愿军,捐款17.47万元。洪学智、王近山、皮定钧、詹大南等数十位从大别山地区走出的高级军事指挥员,为伟大的抗美援朝战争作出了不可磨灭的历史贡献。大别山红色基因在他们身上赓续发扬,在异国他乡再铸辉煌。

淮河水患一直是制约流域沿岸经济社会发展的一个顽疾。新中国成立后,根据毛泽东根治淮河的指示,党和政府开始启动淮河根本治理工作。自1958年起,六安人民以大无畏的英雄气概,战天斗地,建成了横跨长江、淮河两个水系的人间天河——淠史杭工程。仅金寨县境内就修建了梅山水库和响洪甸水库两座大型水库,三座城镇被淹没水下,10万亩良田和14万多亩林地被淹没,10多万人拖家带口离开祖祖辈辈生活的地方……安徽金寨人民为了大局,再一次作出了巨大牺牲和贡献。在革命战争年代,金寨为了中国革命胜利牺牲了10万多英雄儿女,加上新中国成立之后为经济社会建设付出的10万多亩良田和10万多名移民,金寨为中国革命、建设付出了三个"10万+"。这些数字无疑是沉重的,蕴含着大别山地区厚重的革命历史,是大别山红色基因的高度凝练。改革开放以来,由于战争创伤的余波影响、土地资源等主要生产资料严重匮乏,大别山革命老区经济社会建设一直落后于全国其他发达地区。从大别山革命老区的牺牲与奉献不难看出,大别山辉煌历史反映和见证了共产党成长与壮大、新中国诞生与成长的艰难历程,革命老区人民为了祖国的建设和发展又一次作出巨大的牺牲和奉献。新时代,在党中央和国务院的关心支持下,2015年6月,国务院印发了《大别山革命老区振兴发展计划》,为加快推进大别山革命老区振兴发展提供了难得的机遇;2021年2月,国务院印发了《关于新时代支持革命老区振兴发展的意见》,再次为大别山革命老区发展振兴提供了历史性机遇。大别山人民必将传承大别山红色基因,在新时代为党和人民、为祖国再立新功。

第三章

大别山红色基因赓续传承的基本经验

2021年2月,习近平主席在全党党史学习教育动员大会上指出:"回望过往的奋斗路,眺望前方的奋进路,我们必须把党的历史学习好、总结好,把党的成功经验传承好、发扬好。"①"历史是最好的教科书。对我们共产党人来说,中国革命历史是最好的营养剂。多重温我们党领导人民进行革命的伟大历史,心中就会增加很多正能量"。②大别山红色基因是大别山军民在我们党的领导下,在28年艰苦卓绝革命斗争萌芽、形成并逐渐走向成熟的,贯穿了整个中国新民主主义革命时期,是我们党红色基因谱系的重要组成部分,是我们党的第一代红色基因。习近平主席指出:"我们党一步步走过来,很重要的一条就是不断总结经验、提高本领,不断提高应对风险、迎接挑战、化险为夷的能力水平。"③认真总结大别山红色基因传承的历史经验是"要更好应

---

① 习近平:《在党史学习教育动员大会上的讲话》,《求是》,2021年第7期。
② 习近平:《论中国共产党历史》,北京:中央文献出版社,2021年,第24页。
③ 习近平:《在党史学习教育动员大会上的讲话》,《求是》,2021年第7期。

对前进道路上各种可以预见和难以预见的风险挑战,我们必须从历史中获得启迪,从历史经验中提炼出克敌制胜的法宝"。①总结历史是为了更好的关照未来。探求大别山红色基因赓续传承的基本经验,对我们在新的历史起点上把大别山红色资源利用好、把大别山红色基因传承好,确保红色江山永不变色具有重要历史意义和现实意义。

第一节　始终把加强革命传统教育作为传承大别山红色基因的永恒主题

大别山红色基因,熔铸了是我党我军性质宗旨和本色作风,是我党我军光荣传统和优良作风在大别山特定地区的集中体现。在党的百年和人民军队九十多年波澜壮阔的奋斗历程中,我党我军始终把加强革命传统教育作为赓续大别山红色基因的永恒主题。

一、坚持用大别山红色基因熔铸理想信念

理想信念是中国共产党人的政治灵魂和精神支柱,是保持党团结与统一的思想基础。在中国革命的艰苦岁月里,英勇的大别山军民,在中国共产党的坚强领导下,不惜抛头颅、洒热血,

---

① 习近平:《在党史学习教育动员大会上的讲话》,《求是》,2021年第7期。

前仆后继,英勇奋战,上演了一幕幕威武雄壮、可歌可泣的战争活剧。支撑他们坚定投身中国革命伟大斗争的,是无比坚定的共产主义的理想信念。大别山军民用"历挫弥坚的理想信念"浇注了大别山革命胜利之花;同时在大别山28年革命斗争中,用这种红色基因激励了一代代大别山军民为理想而奋斗,为主义而献身。

在大别山革命战争年代里,无论斗争环境多么艰苦,无论作出多大的牺牲,大别山军民都能始终高举红旗,坚持斗争,创造了"二十八年红旗不倒"的伟大奇迹。这在中国革命史乃至世界革命史上都是独一无二的。没有坚强的革命意志和坚定的革命信念是做不到的,没有这种红色基因的赓续传承也是做不到的。正如习近平主席在考察河南时所说:"革命胜利从来不是从天上掉下来的,不是别人拱手相让的,而是用流血牺牲换来的。鄂豫皖苏区二十八年浴血奋战,二十万大别山儿女献出了宝贵生命,在册的烈士就达十三万多,当时人口不足十万的新县就有五万五千人为革命而牺牲。"[①]出生在吴家店镇包畈村(时属商城县南乡)的毛绍成,在进行革命活动时不幸被捕。敌人向毛绍成游说,劝她投降,毛绍成却说,"为革命牺牲也是光荣的","什么刑法我都不怕,就等你们一颗子弹"!敌人用酷刑摧残毛绍成,皮鞭打、杠子压、灌辣椒水,所有刑具都用遍了,但是敌人想要的一点东西也没捞到。敌人恼羞成怒,最终杀害了毛绍成,她牺牲时

---

① 习近平:《论中国共产党的历史》,北京:中央文献出版社,2021年,第261~262页。

年仅29岁。在和平年代,大别山军民依然非常重视用大别山红色基因熔铸理想信念。地处大别山腹地的安徽金寨县,立足中国革命重要策源地、人民军队重要发源地的重要历史地位,充分利用红色资源。把红色教育打造成心灵之旅。该县在青少年群体中开展读红色书籍、讲红色故事、唱红色歌曲、写红色征文、体验红色活动等"五红"教育,2021年自开展党史教育来,全县接受革命传统教育的群众达12万人次,广大党员干部在寻找红色脉络、铭记红色历史中接受心灵洗礼,坚定理想信念。在武警湖北省总队黄冈支队,每一位新入职的武警官兵,第一堂教育课是"黄麻起义的战火",发的第一本书是《红色故事集》,教唱的第一首歌是《八月桂花遍地开》,组织的第一次实践是"重走红军路、发扬好传统"活动。

二、坚持用大别山红色基因维护群众利益

民心是最大的政治,得民心者得天下。给老百姓看得见摸得着的、实实在在的利益,是我们党获得人民群众拥护和支持的重要条件。大别山红色基因一个重要的方面就是"依靠群众的宗旨意识"。这个红色基因就其本质来说就是:一切为了人民,一切依靠人民,从群众中来,到群众中去。正如习近平主席考察安徽时所说:"我们党在安徽的革命实践就充分说明了这一点。鄂豫皖苏区能够'二十八年红旗不倒'、新四军能够在江淮大地同敌人奋战到底,刘邓大军千里跃进大别山能够站住脚、扎下根,淮海战役能势如破竹,百万雄师过大江能够气吞万里如虎,

根本原因是我们党同人民一条心、军民团结如一人。"①在革命战争年代,大别山党组织登高一呼"老乡,参加红军,分土地去",人民群众群起相应、争相参军。之后,我们党又把人民群众的朴素情感引导到理想信念的追求和革命斗争道路的上去,把争取小家的解放与争取民族的解放结合起来,进一步提升了大别山人民的觉悟,于是出现了"小小黄安,人人好汉。铜锣一响,四十八万"大别山人民群众支援红军参战的壮美场景。

谁把人民放在心上,人民就把谁放在心上。在战争年代,农民最关心的始终是土地问题。最初受我强敌弱和老区经验影响,党在大别山地区实行彻底土改,取得一些成效。但随着后来敌强我弱,对形势估量不够和其他主观错误,没有及时转变政策,造成"急性土改",给群众造成了一些损失。1947年底,邓小平在两路口庙岭(光山与麻城交界处)召开会议,传达中央关于着重纠正"左倾"错误,取消原定的"急性土改"的计划,在群众中反复做工作,宣传和贯彻执行党的新区政策,无论在政治上、经济上都收到了显著效果。事实证明,大别山革命斗争中,我党我军始终秉持"依靠群众的宗旨意识",始终把人民群众放在心中的最高位置,始终通过群众利益教育维护军民军政团结,这是大别山革命得到了人民群众广泛支持的原因所在。因此,刘伯承元帅说我们所依靠的是人民,蒋介石所依靠的是碉堡,这就是二野在大别山战争胜利及全部人民解放战争胜利的关键。

---

① 习近平:《论中国共产党的历史》,北京:中央文献出版社,2021年,第47~48页。

三、坚持用大别山红色基因锤炼优良作风

习近平主席指出:"90年来,在长期实践中,人民军队在党的旗帜下前进,形成了一整套建军治军原则,发展了人民战争的战略战术,培育了特有的光荣传统和优良作风。这是人民军队从胜利走向胜利的传家法宝,是人民军队必须永志不忘的红色血脉。"①在革命年代,大别山地区党和军队始终以铁一般的纪律和良好的工作作风、思想作风和生活作风赢得了群众支持,保持了强大的凝聚力和战斗力。

回顾大别山地区革命斗争史,人民军队在武器装备远远不如日本帝国主义和国民党反动派先进,但为什么人民军队能够屡战屡胜,所向披靡,"二十八年红旗不倒"？究其根源,除了党中央的坚强领导外,大别山军民传承大别山守纪如铁的红色基因,始终保持顽强的生命力和强大战斗力是其中一个重要原因。

四、坚持用大别山红色基因激发斗争精神

敢于斗争、敢于胜利,一不怕苦、二不怕死,是大别山军民血性胆魄的生动写照。从大别山根据地成长起来的徐海东、许世友、王近山将军,带头传承大别山"不胜不休的斗争精神",善打硬仗、恶战,都是威震敌胆的猛将。徐海东带兵打仗,人称"徐老虎",王近山更是人称"王疯子",他们用生命诠释了不怕流血牺牲、一往无前的英雄气概。1947年6月,刘伯承、邓小平带领12

---

① 习近平:《人民军队必须永志不忘的红色血脉》,《新湘评论》,2019年第15期。

万大军,遵照党中央和毛主席指示,飞渡黄河,直击大别山,但是部队主力转出大别山时已经不足6万,作出了重大牺牲,经过半年艰苦卓绝的英勇奋战,圆满完成了党中央赋予的战略任务。正如习近平主席视察河南时所强调的:"革命胜利从来不是从天上掉下来的,不是别人拱手相让的,而是用流血牺牲换来的。"①

步入和平年代,大别山人民仍然保持了革命年代那么一股劲,不怕困难,不畏牺牲,为国家建设全局作出了重大贡献。新中国成立后,皖西人民积极响应毛泽东同志"一定要把淮河修好"的伟大号召,在经济极端困难、物资十分匮乏、技术设备比较落后的条件下,战天斗地,经过14年艰苦奋斗,在巍巍大别山中修建了举世闻名的人间天河——淠史杭工程。为了建设淠史杭上游5大水库,淹没了金寨、霍山等县区30万亩耕地,搬迁了30万户移民,在工程建设中先后涌现出了"刘胡兰战斗连""妇女野战团"等英雄群体和刘美三、许芳华、吕树美、王家生、隋友玉等特等英雄人物。这些都是大别山红色基因中蕴含的不胜不休斗争精神和甘于牺牲的大局观念在和平年代赓续传承的生动写照。

第二节　始终把挖掘利用红色资源作为传承 大别山红色基因的基础工程

习近平主席多次强调,要把红色资源利用好、把红色传统发

---

① 习近平:《论中国共产党的历史》,北京:中央文献出版社,2021年,第261页。

扬好、把红色基因传承好。他在河南考察时强调指出："要抓好党史、新中国史的学习,用好红色资源,增强党性教育实效,让广大党员、干部在接受红色教育中守初心、担使命,把革命先烈为之奋斗、为之牺牲的伟大事业奋力推向前进。"[①]大别山作为中国革命的重要策源地,人民军队的重要发源地,在这块红色的土地上孕育了一大批有着重要影响的革命家、政治家和军事家,发生了一系列有着重大影响的革命战争和革命事件,留下了一系列脍炙人口的红色文学作品,使大别山地区拥有了内涵丰富、独具特色、非常宝贵的红色资源。据统计,截至2020年底,大别山地区共有革命文物场馆1036处,一般文物点3000余处。近百年来,大别山军民十分注重保护好、管理好红色资源,始终把挖掘利用红色资源作为传承大别山红色基因的基础性工程。

一、注重挖掘整合红色资源

红色资源有效地开发和运用,不仅是自身带有的"红色"因素的发展,而且还包括精神内涵的延伸与发展。加强对大别山红色资源深度挖掘和整理,是传承大别山红色基因首要的基础工程。改革开放以后尤其是近年来,大别山区域的各级党委政府和各类研究机构,积极挖掘大别山红色资源,梳理大别山革命斗争完整的历史进程,组织人员实地调研和访谈,获取一手资料,使大别山红色资源更为丰富完善。

---

① 习近平:《论中国共产党的历史》,北京:中央文献出版社,2021年,第262页。

为了充分发挥红色资源教育作用,大别山地区各级党委政府坚持党对红色资源挖掘工作的领导,重视红色资源保护与修复,坚持保护为主,修复为辅,重点文物重点保护,需要修复的尽快修复,并尽可能恢复文物原貌,许多红色场馆"旧貌换新颜"。湖北红安近年来相继修葺了董必武、李先念故居,红军洞、七里坪长胜街、抗日军政大学等100多处革命遗址,形成"百里红色长带",并采取修通乡村公路、整修将军故居、整理将军故事等措施,将陈锡联、韩先楚、秦基伟等223位将军的故里打造成红色旅游经典景点,取得了良好效果。河南新县共有国家级重点革命文物保护单位15处、省级14处,革命历史纪念地365处。经过系统性修葺保护和开发,这些红色遗迹正成为党史教育的生动课堂。为讲好革命故事,河南新县系统挖掘、整理和宣传红色文化,创作编排红色情景剧12部,红色歌曲33首,拍摄多部经典红色影视作品。安徽金寨干部学院,立足金寨县丰富的红色文化资源,编纂出版《红色沃土 不朽丰碑》。全书22万字,由"纪念场馆""革命旧址""红色遗址""烈士陵园"四部分组成,包括44篇文章,3篇附录,是金寨干部学院近十年来形成的重要教学成果,是深入挖掘金寨县红色资源、推进党史学习教育走深走实的具体行动,取得了良好效果。

二、强化红色资源管理利用

2019年9月,习近平主席来到河南新县田铺乡田铺大塆考察调研,他指出:"依托丰富的红色文化资源和绿色生态资源发展乡村旅游,搞活了农村经济,是振兴乡村的好做法。"①大力发展红色旅游业不仅可以利用大别山红色资源为游客提供休闲观光的去处,同时也是升华心灵,接受红色教育的好机会,更是通过红色旅游带动大别山革命老区的经济发展,促使老区人民脱贫致富的好路子。

大别山红色革命旧址星罗棋布,点缀于秀美山水之间。分布在每一处红色资源都是老区脱贫的"富矿"。近年来,大别山地区党委政府加大对红色资源的整合力度,充分利用好红色景区,形成红色景区的联动模式,打造大别山地区红色景区的特色旅游线路,推进大别山红色旅游高质量发展,是传承大别山红色基因的重要渠道。湖北麻城烈士陵园、河南新县鄂豫皖首府革命博物馆、河南罗山县红二十五军长征出发地、安徽金寨县革命博物馆等都是全国红色旅游经典景点,被《全国红色旅游经典景区名录》收录。大别山已经成为全国十二大红色旅游区之一。

2007年9月,大别山区所在的鄂、豫、皖三省旅游部门在合肥签署了联合宣言,建立大别山旅游区域协作联合体,共同构筑大别山"无障碍"红色旅游区,力争把大别山建设成为继井冈山、延安之后,又一全国著名的红色旅游品牌。

每年4月,到了映山红盛开的季节,大别山区都会迎来全国各地的游客,促进了大别山红色旅游业快速发展和壮大。安徽

---

① 马跃峰:《古老乡村的小康图景(总书记来过我们家)》,《人民日报》,2020年02月17日01版。

省把红色旅游作为全域旅游的重要业态之一,先后编制印发《安徽省红色旅游发展总体规划》以及二期纲要、三期规划,提出"将大别山建设成为具有显著影响力的红色旅游胜地"的目标。目前,安徽大别山地区有13处红色景点入选全国红色旅游经典景区名录,金寨县红军广场、六安独山镇等地红色旅游发展势头良好,社会效益、经济效益和生态效益显著增强。河南新县依托红色资源和绿色生态,构筑"九镇十八湾"乡村旅游发展布局,打造"红色乡村"旅游点27处,推动山区变景区、民房变客房、产品变礼品,实现了美丽风景向可观收益的转化,广大群众因此受益。如今,很多游客把首站选在河南省信阳市新县鄂豫皖苏区首府烈士陵园和鄂豫皖苏区首府革命博物馆,重温革命历史,追忆峥嵘岁月。2020年,河南新县共接待游客926.5万人次,实现旅游综合收入69.3亿元。

三、加大红色资源资金投入

红色资源的开发与保护需要大量资金的支持,才能保证其更有效运行。必须加大对红色资源开发和利用的资金支持力度,尤其是在完善基础设施建设、提升景区服务能力、配备高质量人才、开发独特的红色产品等方面加大资金支持。

处于大别山腹地的安徽金寨县,近年来安排财政专项资金800万元加大对金寨"燕溪小学"旧址、汤家汇镇红军街、燕子河镇六霍起义指挥部等红色革命遗址的整体保护修缮。认定并推报花石乡大湾村、长岭乡乌凤沟烈士陵园、斑竹园镇烈士纪念园等7处新一批爱国主义教育基地。投入资金1000万元,加快金寨县革命烈士陵园入选中华民族文化基因库红色基因库建设。①

河南省为加快大别山革命老区振兴发展,正在实施大别山革命老区"红色基因库"基础设施工程。重点开发一些有关红色主题创作、非物质红色文化保护、红色文化人才培养等项目,所需建设经费纳入政府财政预算中,由专管红色资源的领导班子向国家有关部分积极组织申报,并制定相应的"红色资源产业发展扶持资金使用管理办法",使红色资源项目建设资金发挥最大效益。河南省信阳市组织对符合条件的博物馆、纪念馆申请国家备案博物馆,争取国家免费开放资金;鼓励红色景区点申报国家第四批红色经典景区,争取项目资金支持。除了加大国家和政府对大别山地区红色资源的财政投入和预算以外,还争取各个企业、组织、单位的资金支持,为大别山地区红色资源研发奠定坚实的资金基础。

第三节 始终把深化红色文化研究作为传承大别山红色基因的重点环节

习近平主席在党的十九大报告中指出:"文化是一个国家、一个民族的灵魂。文化兴国运兴,文化强民族强,没有高度的文

---

① 2021年03月22日,人民网—安徽频道。

化自信,没有文化的繁荣兴盛,就没有中华民族伟大复兴。"深化大别山红色文化研究,是在革命、建设、改革中不断传承弘扬大别山红色基因的重要环节。

一、重视大别山红色文化研究

近年来大别山红色文化的理论研究蓬勃发展,无论从研究的深度和广度上均有了较大的发展,取得了丰硕的成果。利用中国知网,输入"大别山红色文化"为关键词,共检索到相关文献153篇,其中期刊论文100篇,硕博士论文13篇,报纸文章13篇。从总起上来看,研究重点主要集中在以下几个方面:

在大别山红色文化内涵研究上,汪谦干认为大别山红色文化主要包括坚定的革命理想信念、紧紧依靠群众的理念和深厚的群众基础、团结协作顾全大局的胸怀、坚韧不拔的斗争勇气、积极探索勇于创新的求实作风等。[①] 刘延年认为大别山精神内涵丰富,其基本要旨有坚守信念、对党忠诚,胸怀全局、甘于奉献,军民同心、团结奋斗,不畏艰苦、勇当先锋。[②]

在大别山红色文化应用价值研究上,卓爱平认为革命文化是中国共产党的精神命脉,中国共产党在中国革命战争年代,在大别山锻造出的革命文化所彰显的超越时空的精神张力,蕴含培养德智体美全面发展的社会主义事业建设者和接班人的文化

---

① 汪谦干:《谈谈大别山红色文化的内涵》,《安徽日报》,2015年06月23日07版。
② 刘延年:《大别山精神》,《安徽日报》,2021年03月16日06版。

价值,具有培育新时代大学生社会主义核心价值观、引导担当民族复兴大任的时代新人学习和践行社会主义核心价值观的强大功能。① 田青刚认为在社会主义核心价值观教育培育中,区域红色资源具有特殊优势。讲好红色故事是推进社会主义核心价值观教育培育行之有效的方法路径之一,要通过一定的形式把包含正能量的红色历史文化信息传达给受众,使受众在潜移默化中受到社会主义核心价值理念的熏陶。② 吕杰从加强理论灌输、营造浓厚氛围和拓展实践渠道等三方面出发,对红色文化的导向功能、引领功能和激励功能进行了深入的探讨,认为老一辈无产阶级革命家在大别山革命斗争中铸就的大别山红色文化,是我党我军的宝贵精神财富。弘扬大别山红色文化,对于我军核心价值观的培育有重大的推进作用。③

在大别山红色文化产业发展研究上,刘宏明认为大别山是中国著名的革命根据地,也是中国红色文化的重要发源地之一,承载了厚重的红色文化资源。大别山地区的红色文化资源可以与自然生态资源进行很好的组合,并通过加强与周边地区的合作,整合红色资源,开发红色产品,打造红色旅游项目等具体措

---

① 卓爱平:《革命文化对新时代大学生核心价值观培育的意义——基于大别山革命文化视角的分析》,《渭南师范学院学报》,2018 年第 6 期,第 22 页。
② 田青刚:《区域优势红色文化资源视角下的价值观教育——基于大别山红色文化资源的考察》,《信阳师范学院学报(哲学社会科学版)》,2016 年第 5 期,第 1 页。
③ 吕杰:《大别山红色文化与培育当代革命军人核心价值观探析》,《福建党史月刊》,2014 年第 12 期,第 46 页。

施,更好地发挥大别山红色文化资源的旅游价值。① 江峰认为大别山红色文化是中国红色文化中一种独特的区域文化,其资源内容丰富、品相良好、数量众多、广为分布、延续性好,具有巨大的潜在价值。文化创新形成的良好文化发展背景、多方协作构成的强大社会推动合力、红色网站创造的优势资源整合条件、研究中心提供的坚实学术研究平台等是大别山红色文化资源保护与开发的正向影响因子。观念陈旧、资源分散、融资艰难、机制不活、人才短缺等是大别山红色文化资源保护与开发的负向影响因子。只有从实际出发,充分发挥其各种正向影响因子的积极作用,不断克服其各种负向影响因子的现实障碍,才能够成功地实现大别山红色文化资源保护与开发的理想的价值目标。② 河南信阳市在研究的基础上推出文化创新产品,大力实施"红色文化+"工程,支持博物馆、纪念馆研发大别山地域特色的文化产品,组织广大文艺工作者策划创作一批图书、影视剧、歌舞剧、情景剧等文艺作品,开发大别山红色文化手工艺品,达到以文化人、以情感人,生动传播大别山红色基因。

二、编研大别山学术著作文章

近些年来,众多专家学者立足大别山实际,认真研究党史军

---

① 刘宏明:《大别山红色文化资源的旅游价值开发利用研究》,《湖北社会科学》,2012年第5期,第54页。
② 江峰:《大别山红色文化资源保护与利用的影响因子透析》,《黄冈职业技术学院学报》,2011年第4期,第1页。

史,先后编辑出版了《红军源》《大别山风云录》《大别山烽火》《坚持大别山斗争》《挺近大别山》《将星闪耀》《风展红旗入陕甘》《朝鲜战场上的大别山人》等一系列数十本红色文化丛书。此外,还创作了《大别山红》《永远的金刚台》等一大批红色文艺作品。金寨县立足中国革命重要策源地、人民军队重要发源地重要历史地位,扎实开展党史理论研究,编写出版《将军县的初心故事》《红色金寨》等红色书籍4本,创排庐剧《大别山之恋》、广播剧《永远的金刚台》等多部红色文艺作品。近年来,仅金寨县就相继撰写和发表了近1000篇宣传大别山红色历史、红色故事、红色人物、红色文化的各类文章,除在《光明网》《中红网》《人民论坛网》《中国老区网》《红色思源网》《中国干部学习网》《中国社会科学网》《中国老区建设促进网》等网络、微信新型媒体发表外,有近500篇文章分别发表在《人民民主报》《解放军报》《文史天地》《中国老区建设》《中国扶贫》《人物传记》《中国档案》《国防参考》《廉政瞭望》《大江南北》《铁军》《铁军纵横》《党史纵横》《党史文苑》《档案天地》等公开发行的报刊中。此外,还在地方志编纂、档案管理等方面取得了不少成果。

三、开展大别山精神学研活动

近年来,大别山地区各县市,重点围绕中国人民抗日战争胜利、中华人民共和国成立、抗美援朝战争胜利、中国工农红军长征胜利、中国人民解放军建军节等纪念日,先后组织开展了一系列的征文比赛、演讲比赛、文艺演出、报告会和座谈会等纪念活动,特别与电视台合作,推出了纪念长征胜利80周年的大型纪念活动,不仅意义重大、内容丰富,而且向全国十多个省市进行现场直播,收到了良好效果。同时,大别山各地党委政府和学术组织相继举办了诸如"2019·湖北青年学者论坛暨大别山精神研讨会"、纪念立夏节起义和六霍起义胜利90周年研讨会和"不忘来时的路——学习和弘扬大别山精神"研讨会;积极适应家风建设需要,紧密结合当地实际,挖掘整理了一大批老红军、老战士的红色家风故事;组织大别山红色文化研究专家先后到个机关事业单位、学校、医院、社区等作专题辅导授课,把大别山红色历史、红色故事送到了田间地头,使大别山红色文化飞入寻常百姓家。开展大别山精神学研活动,使大别山红色基因传承取得了良好效果。

第四节　始终把创新传播形式方法作为传承　　大别山红色基因的有效途径

"大别山红色文化来自于中国共产党带领老区人民进行革命、建设和改革的伟大实践,把红色资源利用好、红色传统发扬好、把红色基因传承好,是共产党人的重要使命。"[①]改革开放以来,大别山红色基因传承紧跟时代步伐,在传承方式和手段上不

---

① 鲁敏:《大别山红色文化的弘扬与传承》,《安徽日报》,2019年05月14日06版。

断更新和进步,取得了不少可圈可点的成绩,积累了较为丰富的经验。

一、创新大别山红色基因传承教育教学体系

随着时代的发展,人的思想和大众文化传播方式发生了深刻的变革。过去那种传统的、单一的红色文化教育体系早已经不能满足人们特别是青少年的求知要求。只有充分重视和顺应红色教育的新形势,努力创新红色基因传承教育教学体系,才是传承红色基因的良法。

空军工程大学机务士官学校(原空军第一航空学院),从1987年开始,连续34年组织新学员赴鄂豫皖革命老区开展传统教育和野营拉练活动,实施"铸魂工程""砺剑工程""培志工程"大别山红色基因传承教学体系,数万名学员在大别山寻根铸魂的红色实践中坚定了理想信念、树牢了"军魂"意识,逐步成长为空军部队建设的骨干力量。

陆军炮兵防空兵学院(历经炮兵技术学院、合肥炮兵学院、陆军军官学院更名),近年来先后多次组织新学员赴大别山地区野外拉练,实施"铸魂工程""强基工程""砺剑工程",一路行军一路红色教育,先后组织学员参观苏家埠战役纪念馆、独山镇苏维埃城、六霍起义纪念馆、鄂豫皖纪念园、金寨县革命博物馆,瞻仰红军纪念堂,在金寨县红军广场组织入伍宣誓,让新学员在红色之旅中守初心、担使命,传承大别山红色基因,争做"四有"新时代优秀学员。

坐落于河南省新县的大别山干部学院,自2013年建院以来,坚持以弘扬大别山精神为主题,以理想信念教育为核心,坚持"忠诚、创新、责任、担当"的办学理念,努力探索差异化、特色化的办学路子。学院将大别山精神融入教学各个环节,初步形成了"大别山红旗不倒"访谈式教学,"真实的记忆、真切的感动"红色故事会、"红色足迹"体验式教学,"体农时、知农情、干农活、进农家"体察式教学,让学员受到大别山红色基因的熏陶和洗礼。该学院深挖大别山地区弥足珍贵的"红色富矿",筹建了45个常用现场教学点,将大别山红色基因融入教学各个环节,打造了课堂教学、现场教学、体验教学、互动教学、访谈教学、情景教学等11大类130余门课组成的课程体系,形成了独具特色的教学模式。截至2020年底,该学院累计承接各级各类培训班4400多期,培训学员25万余人次。

二、注重运用实践体验感悟大别山红色基因

多年来,通过充分挖掘和运用大别山独特的红色资源,把红色遗迹转化为大别山红色教育的新课堂,把丰富的文物史料转化为大别山红色教育的有益教材,让学员和游客体验大别山红色经典的独特魅力,让红色基因融入血液。

安庆师范大学文学院组建"大别山红色文化基因传承实践服务团"赴鄂豫皖红军纪念园、独山革命旧址群、金寨县革命博物馆、汤家汇镇鄂豫皖革命旧址群、皖西博物馆等地,开展"学习红色文化 传承红色基因"暑期"三下乡"社会实践活动,讲好大别

山革命前辈的感人故事,创作红色话剧作品传承大别山红色基因。

河南新县大别山干部学院,在红色场馆设立了45个现场教学点,创新了体验式教学新模式,将红色资源与现代干部党性教育培训相结合,"增强教学的吸引力、感染力和震撼力,使学员通过切身体验感悟,使党性修养得到提高"①。该学院组织学员走进鄂豫皖苏区首府烈士陵园、鄂豫皖苏区首府革命博物馆、刘邓大军千里跃进大别山纪念馆等红色场馆,让他们近距离感受先辈们英勇善战、视死如归的革命豪情;在红四军纪念广场、列宁小学旧址、中共中央鄂豫皖苏区分局旧址、红四方面军总部旧址等教学点,学员在讲解员的深情讲述中,追寻红色足迹,感受大别山波澜壮阔的革命历史。不少学员不止一次被感动得流下了热泪,心灵受到了一次深刻的洗礼。

为了增加大别山革命文物的视觉冲击力,在黄麻起义与鄂豫皖苏区纪念园中,建有一个大型的视听互动展,让观众切实感受到那个年代革命斗争的艰难,感受到在那样困难的环境下,人民群众之所以踊跃参加革命,源于对共产主义的坚定信仰。这些都是传承大别山红色基因的有效途径。

三、创演红色歌曲影视传颂大别山红色基因

爱唱歌是大别山军民突出特征之一。创作于革命战斗年代

---

① 宋学来:《依托东北抗联资源铸就党性教育品牌的实践探索》,《哈尔滨市委党校学报》,2018年第2期,第7页。

的歌曲《八月桂花遍地开》,就是根据大别山民歌《小小鲤鱼压红腮》的曲调编唱的。《八月桂花遍地开》是为庆祝苏维埃成立所作,很快就在豫东南革命根据地传开了。后来,伴随着红军的足迹传遍了大江南北,是一首至今在中国大地广为传唱的革命歌曲,影响了几代人。《三大纪律八项注意》这首歌也出自大别山。当红二十五军经过长征到达陕北后,担任红二十五军政治部秘书长的程坦,为了配合红军政治纪律教育,以毛泽东主席规定的《三大纪律八项注意》为内容,把歌词填入鄂豫皖边区革命民歌《土地革命成功了》的曲调中,改编成《三大纪律八项注意》歌,很快在红军干部战士中广为传唱,成为咏唱不衰的红色经典歌曲。在革命战争年代,传唱歌曲比单纯记忆红军的规章制度容易多了,红军战士传唱歌曲不仅愉悦了精神世界,革命纪律也被自觉遵守。

近年来,安徽金寨县创排庐剧《大别山之恋》、广播剧《永远的金刚台》等多部红色文艺作品,组织观看《八月桂花遍地开》红色影视。河南新县创作编排红色情景剧12部,红色歌曲33首,拍摄多部经典红色影视作品,取得了很好的传承效果。

第四章

大别山红色基因传承的主要制约因素

2019年9月,习近平主席在考察河南时强调指出:"要抓好党史、新中国史的学习,用好红色资源,增强党性教育实效,让广大党员、干部在接受红色教育中守初心、担使命,把革命先烈为之奋斗、为之牺牲的伟大事业奋力推向前进。"① 大别山红色基因是大别山军民28年艰苦卓绝的革命历史中铸就的,是我党我军第一代红色基因的重要组成部分,是我们党的宝贵精神财富,是全党开展党史学习教育的生动教材。大别山红色基因跨越时空、永不过时,是砥砺全党全军全国各族人民不忘初心、牢记使命的不竭精神动力,值得一代代传下去,确保红色江山永不变色。党的十八大以来,理论界的专家学者和大别山地区的各级党委政府、驻军积极开展对大别山红色基因的理论研究和实践推广,取得了一定成效。但客观而言,对大别山红色基因的研究与实践还基本局限在大别山这一特定的区域,推进大别山红色

---

① 习近平:《论中国共产党的历史》,北京:中央文献出版社,2021年,第262页。

基因代代传还存在着不少制约因素。这既与习近平主席作出的"鄂豫皖苏区根据地是我们党的重要建党基地,也是中国工农红军的诞生地之一""焦裕禄精神、红旗渠精神、大别山精神等都是我们党的宝贵精神财富"①的科学定位极不相称,也与同处于我党我军红色基因库源头的井冈山红色基因研究与传承有较大差距。把这些制约因素找准并分析透,拿出破解办法,是新时代推进大别山红色基因代代传工程建设的前提和基础。

第一节　鄂豫皖根据地地位特殊、传承受限

大别山红色基因和井冈山精神积淀的红色基因是同根同源的,同属于我党我军第一代红色基因。第一次国内战争失败之后,党"八七会议"精神是两种红色基因产生的直接依据,土地革命战争的早期实践是两种红色基因形成发展的实践基础。因此,这两种红色基因在内涵要义上基本是相近的。

在井冈山革命根据地斗争实践淬炼而成的井冈山红色基因,诞生了以毛泽东同志为核心党的第一代领导集体。毛泽东作为中国共产党第一代领导集体的核心,在长期艰苦的斗争实践中,始终坚持把辩证唯物主义和历史唯物主义运用于中国共产党的全部实践,熔铸了中国共产党人鲜明特色的立场、观点、

---

① 习近平:《论中国共产党的历史》,北京:中央文献出版社,2021年,第261页。

方法,形成了马克思主义中国化的重大理论成果——毛泽东思想。这是马克思主义中国化第一次历史性飞跃。毛泽东思想一直指引、指导着中国革命和建设发展的实践。从共性认知上来说,要研究中国共产党领导中国人民革命斗争和建设的历史,多是围绕毛泽东思想的形成、成熟以及丰富发展这一主线来进行。毛泽东思想形成于井冈山革命斗争时期,成熟于延安时期。相对于大别山地域革命历史的研究,对发生在井冈山、延安两大革命圣地波澜壮阔的伟大斗争历史研究得多。

"鄂豫皖苏区根据地是我们党的重要建党基地和中国工农红军的诞生地之一。"[①]这是直至2019年9月,习近平主席作为党和国家最高领导人作出的重要论断。在此之前,对大别山红色基因的挖掘和弘扬是远远不够的。之所以出现这种局面,除了井冈山和延安是毛泽东同志长期工作和战斗、毛泽东思想形成和成熟的地方这一原因之外,还有一个重要原因就是很多理论工作者在进行大别山红色基因研究探讨时,不可避免地回避某些特殊的历史问题,如"张国焘事件"。这是造成大别山红色基因在相当长一段时期研究滞后、传承受限的重要因素。

中共中央也早在《关于张国焘同志错误的决议》中将"张国焘路线"与红四方面军隔离区别开来,强调:"过去红四方面军所犯的错误,应该由张国焘同志负最主要的责任。"但是,张国焘作为中国共产党的创始人和早期领导人之一,曾经担任过鄂豫皖

[①] 习近平:《论中国共产党的历史》,北京:中央文献出版社,2021年,第261页。

中央局负责人,是红四方面军长征期间实际的最高领导者。因此,在研究大别山红色基因时,许多专家学者会担心逾越尺度,怕触雷涉水,选择自我回避,造成对大别山红色基因的研究时间上的断层,研究的理论成果缺乏整体性、系统性和连续性,实践推广也受到主客观限制,甚至在一段时期内对大别山红色基因的研究和传承基本上处于停滞状态。

2019年8月,习近平主席在参观中国工农红军西路军纪念馆时强调:"西路军不畏艰险,浴血奋战的英雄气概,为党为人民英勇献身的精神,同长征精神一脉相承,是中国共产党人红色基因和中华民族宝贵精神财富的重要组成部分。我们要讲好党的故事,讲好红军的故事,讲好西路军的故事,把红色基因传承好。"①习近平主席关于鄂豫皖苏区根据地、大别山精神和西路军精神的重要论述,使大别山精神正式列入我们党精神谱系,为深入研究并加快传承大别山红色基因打开了理论与实践之门,为推进大别山红色基因代代传工程建设提供了科学指南。

第二节　大别山地处鄂豫皖分管、缺乏统筹

大别山横亘于神州大地中部,是鄂豫皖三省的天然分界线。按照现有行政区划算,共辖鄂豫皖三省42个县(市、区),区域面

---

① 习近平:《论中国共产党的历史》,北京:中央文献出版社,2021年,第110页。

积达10万余平方公里,人口约3000万。湖北、河南、安徽三省因大别山天然地成为睦邻,也因大别山的革命斗争历史而自然地紧密相连。由于大别山处于鄂豫皖三省交界,三省分别管理各自划分的区域,特殊的地域构成,造成了过去相当长的一段时间对大别山红色基因的挖掘和弘扬往往各自为战、缺乏统筹。比如:湖北以红安为主,在黄冈师范学院立项建立了"大别山红色文化研究中心"。中心任务是研究大别山红色文化、梳理大别山革命史等,重点探讨大别山红色文化在我国区域经济社会改革与发展、学科建设、科研人才培养以及科研管理体制改革与创新中的主要地位与突出作用。河南以信阳为主,在新县成立了大别山干部学院(前身为"大别山党性教育基地"),这是河南省委组织部重点建设的干部党性教育专门培训机构,是信阳市委直属事业单位,被国防大学、国家行政学院等单位确定为现场教学基地。安徽以六安为主,成立了"安徽省大别山文化研究院",这是省文化厅主管、省民政厅批复的区域性公益性、非营利性、学术性的社会团体组织,其目的是倡导组织一批有意向的专家学者对大别山历史文化开展研究,通过政、研、企三方的共同努力,逐步拓展大别山生态文化旅游业。诸如这样区域性研究机构还有很多,对大别山红色资源研究、挖掘和传承起到了一定的引领和推动作用。

土地革命战争时期,我们党领导在大别山创建了鄂豫皖苏区根据地,是仅次于中央苏区的全国第二大革命根据地。徐向前、刘伯承、邓小平、李先念等老一辈革命家在大别山留下了战斗足迹。习近平主席指出:"这里诞生了红四方面军、红二十五军、红二十八军,走出了三百四十多位将军,二七大罢工影响深远,大别山'二十八年红旗不倒',鄂豫皖苏区首府所在地新县是'将军的摇篮',中原局旧址确山竹沟被称为'小延安',焦裕禄精神,红旗渠精神,大别山精神等都是我们党的宝贵精神财富。"①解放战争时期,这里是李先念领导的新五师中原突围所在地,是刘邓大军千里挺进大别山的落脚地,也是新民主主义革命走向全面胜利的战略转折地。

在中国革命史上,大别山是与井冈山、延安宝塔山齐名的三大革命历史名山。因此,对大别山红色基因的凝练和传承,应将其作为一个不可分割的整体,仅以省、市、县等地域性开展区域性、局部研究是不够的,可以在国家层面组建成立专门机构,一方面进行顶层设计,实现总揽全局、通盘筹划、兼顾各方,深刻阐释大别山红色基因重要历史地位和时代价值;另一方面,充分集合鄂豫皖三省力量,协调推动形成完善的区域联动协作机制,齐心协力公关研究,形成符合历史实际、为党和国家所认可、具有特色的大别山红色基因的准确表述,诠释大别山红色基因的深刻内涵与实质,深度挖掘大别山红色资源,把红色资源与绿色生态深度融合,在"红"与"绿"上下足功夫,开展红色旅游,助力美丽乡村建设,推动大别山老区发展,推进大别山红色基因更好地传承弘扬。

---

① 习近平:《论中国共产党的历史》,北京:中央文献出版社,2021年,第261页。

第四章　大别山红色基因传承的主要制约因素

第三节　大别山红色基因挖掘不够、弘扬不足

2016年1月,习近平主席在视察13集团军时,对"半截皮带"的故事,感触很深,嘱咐部队的领导:"部队中像这样的红色资源很多,要发掘好、运用好,丰富'红色基因代代传'工程内涵,加强党史军史和光荣传统教育,确保官兵永远听党话、跟党走。"①同年4月,他在参观安徽金寨县革命博物馆时,深情地指出:"一寸山河一寸血,一抔热土一抔魂。回想过去的烽火岁月,金寨人民以大无畏的牺牲精神,为中国革命事业建立了彪炳史册的功勋,我们要沿着革命前辈的足迹继续前行,把红色江山世世代代传下去。"②2019年9月,他在参观鄂豫皖苏区首府革命博物馆时又再次强调:"革命博物馆、纪念馆、党史馆、烈士陵园等是党和国家红色基因库。要讲好党的故事、革命的故事、根据地的故事、英雄和烈士的故事,加强革命传统教育、爱国主义教育、青少年思想道德教育,把红色基因传承好,确保红色江山永不变色。"③从以上重要论述可以看出,习近平主席对用好大别山红色资源、传承好大别山红色基因高度重视,提高到"确保红色江山世世代代传下去、永不变色"的政治高度。

---

① 习近平:《论中国共产党的历史》,北京:中央文献出版社,2021年,第107页。
② 习近平:《论中国共产党的历史》,北京:中央文献出版社,2021年,第108页。
③ 习近平:《论中国共产党的历史》,北京:中央文献出版社,2021年,第111页。

近年来，全国尤其是大别山地域的党委政府、军队和理论界对于大别山红色基因的研究和实践逐步兴起，也取得了一定的研究成果和实践成效。但从整体上看，传承大别山红色基因在理论研究上还不够深入，研究成果不够系统完善，还显得零散；在传承上还处于初始阶段，理论与实践上都与习近平主席的重要指示有很大差距。主要体现在：一是区域性研究多，综合性研究少，大部分研究成果都或多或少地体现了各个地方区域特性，零散化、碎片化比较明显，还没有形成大别山地域的整体性研究体系。二是"形而上学"研究多，唯物辩证研究少。作为流淌在中原儿女血脉中的红色基因，其之所以能够为我们提供永不枯竭的精神源泉，是因为大别山红色基因的形成和发展是辩证的、历史的，不能仅仅将其看作新民主主义革命时期的一种革命精神，认为其只在特定时期、特定背景下产生并发挥作用。这种认知和定位，没有从唯物史观的角度来思考其涵义，有非常大的局限性，不可避免地降低了大别山红色基因的历史地位和时代价值。三是历史性研究多，现实性研究少。当前绝大多数研究的重心都放在大别山精神的历史地位的阐释上，对其时代价值研究不够。四是从理论到理论的阐释多，系统化探究传承大别山红色基因的方法途径很少，传承大别山红色基因的实践活动多数停留在现地参观博物馆、瞻仰纪念堂（碑、塔）等传统方法上。

之所以出现这种状况，究其原因，除了历史因素之外，一是理论研究的广度和深度亟待拓展。从广度上看，短板主要体现在大部分研究主要集中在大别山精神的表述和红色旅游等几个点上,并且研究的内容、重点甚至诸多表述都有明显的重复性。在对大别山红色基因的历史渊源、哲学意蕴、历史演进、方法论基础等研究领域和方向,涉猎极窄,即使涉及也是浅尝辄止,挖掘得不深不透。从深度上看,问题主要体现在当前学术界、理论界的诸多专家学者对大别山红色基因的研究和挖掘基本停留在表面,系统性、关联性、深层次的研究成果还极为稀少。比如,对大别山红色基因和延安精神的比较研究,有的学者相对缺乏辩证的、实践的、历史的研究认知,仅仅将两者的差异归结为发生的时间背景不同、存在的地点地域不同、凝练的核心重点内容不同这三个方面,显然没有触及和挖掘到两种精神的深层次区别。即使当前加强了对大别山红色基因科学内涵领域的研究,并取得一定成果,其科学内涵的探究还是停留在比较肤浅、表面的层次,缺乏深邃的哲学思辨与深度的理性思考。二是源于搭建的研究平台不强。参与相关研究的社会团体和专家较少,人员素质参差不齐,他们的学历、职称、地缘结构搭配也存在许多不合理的地方。当前,从事大别山红色基因研究的机构,主要局限在河南省委党校(行政学院)、安徽省委党校(行政学院)、湖北省社科院、大别山干部学院、信阳师范学院、黄冈师范学院、皖西学院、金寨干部学院等几家教育研究机构或这些机构中的某一部门,有的甚至还当成副业,即使在大别山地区都未形成应有的研究热潮,更不要说在全国范围内开花结果。大别山区域三省的专家学者缺乏必要的沟通协调,对大别山红色基因内涵的表述至今都各执一词,常常各行其是,各为其地,各为其政。研究人员的来源大部分都是从事中国共产党党史、中国近现代发展史、思想政治教育研究的专家学者,人文社会科学领域专家学者的参与少,研究涉及面的系统性、整体性有待提升。离习近平总书记"把红色资源利用好、把红色传统发扬好、把红色基因传承好"的要求还有很大的差距。三是源于学术研究的深化不足。不能持续、充分挖掘大别山革命史料,科学揭示大别山红色基因的内涵和特征。主要表现就是研究成果尤其是高质量的研究成果非常少。比如,检索中国知网,检索到的文献文章大多为政治宣传、领导讲话类文章或讲稿,缺乏研究深度,真正意义上的学术论文非常少。即使这样,刊发这些论文的期刊级别还普遍偏低,甚少有论文在核心期刊发表,直接影响了大别山红色基因研究、探索、传播的力度和热情;硕士学位论文更是凤毛麟角,寥寥数篇,还多数归属于思想政治教育类的论文,博士学位论文和专门的大别山红色基因代代传研究专著至今尚未问世。

第四节 大别山红色基因研究对象界定不够明晰

当前,对大别山区革命精神的研究当中,进行现象性研究的较多,而透过现象进行本质性研究的稍嫌不足。具体表现在没有厘清红色文化与红色基因之间的关系,造成了对大别山红色基因的研究范畴界定不清,在一定程度上制约了大别山红色基因的研究与传承。其他概念已在本书的绪论中作了阐释。这里重点对红色基因与红色文化的概念作以区分。应该说,红色基因与红色文化两者之间并不仅仅是一种文字表述上的差异,在内涵实质上是有着本质性的区别。

红色文化是文化的一种特殊表现形式。按照马克思主义对文化的理解,文化包括三层含义,即物质文化、制度文化和精神文化。通常意义上,"文化"的概念有广义和狭义之分。广义的文化,包括物质文化、制度文化和精神文化三部分内容;狭义的文化仅指精神文化,或者更精确地说仅指精神文化中与自然科学文化相对的人文文化,它表现为思想、意识、感情、意志、信仰等价值取向。作为文化的一种特殊表现形式,红色文化同样具有文化的一切特质,它应该包括:①物质性红色文化,主要是指我党我军在长期的革命、建设、改革实践中所创造的、通过物质形式和物质手段表现出来的物质性红色文化,如革命遗址、文物、革命文献、文学作品等。②制度性红色文化,主要是指我党我军在探索党和军队建设实践中形成的制度性红色文化,如党的路线方针政策、政治法律制度以及为保证其得到贯彻落实而建立的政治组织和权力机关等。③精神性红色文化,主要是指在物质性红色文化形态和制度性红色文化形态上所体现的革命意志、革命精神、光荣传统和优良作风等精神性红色文化。物质的红色文化形态会随着时间的推进而逐渐消逝;制度的红色文化形态会随着实践的深入和时代主题的转换而不断被修改乃至抛弃。只有精神的红色文化形态,能够穿越时空而被不断传承。

"红色基因"这一概念,自习近平主席在视察兰州军区时提出以来,就引起了学术界的广泛讨论。但时至今日,应该如何界定这一概念,目前学术界还没有一个公认定论,常常是把红色文化、红色精神、革命精神、红色基因通用、混用。我们认为,对红色基因应该从两个方面对其进行界定。一是从词源学意义上来看,基因有两个特征:其一是能过忠实地复制自己,以保持物种的基本特征;其二是原生物受到环境或遗传的影响时,基因能够以"突变"或变异的方式对原生物进行或好或坏的改变。从这个角度来看,红色基因应该是一种对特定对象的传承。正如习近平主席所强调的"光荣传统不能丢,丢了就丢了魂;红色基因不能变,变了就变了质"。[①] 二是从习近平主席关于把红色基因传承好的相关论述来看,他非常重视红色基因的传承实践,并把其提升到确保红色江山永不变色的政治高度和战略高度,强调"把红色基因传承好,确保红色江山永不变色"。[②] 2017年7月他在参观"铭记光辉历史,开创强军伟业——庆祝中国人民解放军建军90周年主题展览"时强调指出:"人民军队砥砺奋进的90年,凝结着坚定理想信念、优良革命传统、顽强战斗作风,是我们宝贵的精神财富。我们要铭记光辉历史、传承红色基因,在新的起点上把革命先辈开创的伟大事业不断推向前进,鼓舞激励广大干部群众和全军广大指战员坚定中国特色社会主义道路自信、

[①] 习近平:《论中国共产党的历史》,北京:中央文献出版社,2021年,第109页。
[②] 习近平:《论中国共产党的历史》,北京:中央文献出版社,2021年,第111页。

理论自信、制度自信、文化自信,努力为实现中华民族伟大复兴的中国梦、为把人民军队建设成为世界一流军队而不懈奋斗。"①习近平主席在这里突出强调"要铭记光辉历史、传承红色基因",在传承对象则是"坚定理想信念、优良革命传统、顽强战斗作风"等我党我军宝贵的精神财富,即精神形态的红色文化。因此,我们可以把红色基因的概念表述为:红色基因是中国共产党领导全党、全军和全国各族人民在长期的革命、建设、改革历史过程中孕育、积淀形成的革命信念、革命品质、革命作风和价值追求,是构成我党我军红色精神的核心要素,是我党我军初心使命、性质宗旨、本色作风、人格力量的精神表达,是永葆人民江山永远红色的遗传因子,是我党我军的政治生命密码。

由此来看,红色基因与红色文化既有着密不可分的联系,也有着截然分明的界限。厘清两者的研究范畴,是研究大别山红色文化、大别山精神、大别山红色基因的前提和基础。因此,对大别山革命精神进行全面研究的基础上,应把大别山红色基因及其传承实践作为重点,科学、准确提炼其内涵,阐释其实质,以赋予其在中国共产党人精神谱系中源头地位,充分彰显其重要的历史地位和时代价值,这是研究者和传承者的时代使命。

---

① 习近平:《论中国共产党的历史》,北京:中央文献出版社,2021年,第109页。

第五节　大别山红色基因研究方法论基础亟待构建

中华民族一贯重视以史育人。清代龚自珍以"欲知大道,必先为史"总结之。"为史"即研究历史,透过纷繁复杂的历史现象,把握蕴含于其中的社会治理经验、社会发展规律。"明镜所以照形,古事所以知今。"习近平主席在庆祝中国共产党成立九十五周年大会上指出:"今天,我们回顾历史,不是为了从成功中寻求慰藉,更不是为了躺在功劳簿上、为回避今天面临的困难和问题寻找借口,而是为了总结历史经验、把握历史规律,增强开拓前进的勇气和力量。"[①]历史研究有历史研究的方法,但若要从历史中把握"道",总结历史经验乃至把握历史规律,其方法论则超出了作为一门学科的历史研究方法,而上升到哲学方法论的层面。鉴于对大别山红色基因的研究根本目的是从历史观照当下,并远瞩到将来,一种总体性的原则可能是方法论中较为根本的。

要将大别山红色基因研究与中国革命的历史进程作为一个总体来理解,而不能断章取义。任何一种思想、观点、理论等都不是单纯的思想史的逻辑延伸。恩格斯早就说过,历史从哪里开始,思想进程也应该从哪里开始。因此,真正的思想、理论从来都是历史的。即使历史研究的结果呈现在我们面前的东西看

---

① 习近平:《论中国共产党的历史》,北京:中央文献出版社,2021年,第121页。

似一种超历史的、形而上的语言,但它所要言说的内容都有其历史的定位。大别山红色基因研究同样要遵循这种总体性原则。当然,大别山红色基因研究的逻辑进程应该从哪里开始是不成问题的。历史的发展会因其时代主题的转换或主要矛盾的转换而呈现出阶段性。如大别山革命斗争史直观呈现给我们的是中国新主主义革命时期的全程,包含了土地革命战争、抗日战争、解放战争三个历史阶段。但这些阶段之间不是没有联系的,否则也不成阶段了。因此,历史又是连续的,因而又是整体的。纵然每个阶段有每个阶段所蕴含、体现的优良传统和作风,纵然对每个阶段的历史研究会呈现出不同的研究结果,但大别山红色基因研究所要言说的对象是一个整体的历史进程。这就要求对大别山红色基因内涵的研究、提炼,不能仅仅是因某一阶段历史地位的突出而着眼于此,更不能仅仅对每个阶段的思想逻辑进行简单的取舍之后加以排列组合。而是在把大别山革命斗争史作为一个整体历史进程的基础上,从各个阶段思想逻辑个性出发,归纳提炼它们之间的共性。只有这样才能完整呈现大别山红色基因的内涵要义,而不是最终呈现"土地革命战争时期的大别山红色基因""抗日战争时期的大别山红色基因""解放战争时期的大别山红色基因"。

要将大别山红色基因研究与当代历史作为一个总体来对待。任何历史研究都无法摆脱源自当下时代主题的视域,历史研究的过程实际上是将当下时代主题视域与研究对象的视域进行融合的一个过程。这表明,对历史的任何研究都离不开对当下时代主题的深入思考,它们之间构成了一种总体性的关联。这也是我们经常所讲的以古观今、以史育人。这样看来,历史研究就内在的包含了一种价值导向的问题。历史研究固然以尊重事实为前提,从认识论角度看,是一种事实判断。虽然在事实判断的形成过程中,不可避免会包含作出这种判断的主体的情感、认知、价值愿望等,但事实判断的内容本身,并不包含关于形成这一判断的主体的需要的信息。而不包含判断主体需要的信息的研究及其研究结果是没有任何价值的。大别山红色基因研究如果仅仅从尊重事实出发,那么所提炼出来的东西对当下来说价值大打折扣的,应该存放于"思想的博物馆"了。因此大别山红色基因研究必须与观照当下乃至远瞩将来作为一个整体来对待。这就要求,大别山红色基因研究不仅要进行一种事实判断,更要进行价值判断,注重其时代演绎和现代转化。价值判断的依据就是当下的时代主题和将来的发展目标,即"两个一百年"和中华民族伟大复兴。唯有如此,我们才能从历史出发来面对当下历史进程及其时代主题需要,才能实现大别山红色基因传承这一研究的根本目标,为实现大别山地区经济社会发展乃至中华民族伟大复兴注入精神的力量。

大别山红色基因是社会主义核心价值观的丰富滋养,是鼓舞和激励中国人民不断攻坚克难、从胜利走向胜利的强大精神动力。作为新民主主义革命历史的产物,大别山红色基因在鄂豫皖三省、在中国漫长的革命历程中发挥了重要作用,为中华民族的解放作出了巨大贡献。当下,应按照习近平总书记"把红色资源利用好、把红色传统发扬好、把红色基因传承好"的要求,成立专门机构,统筹规划、破解掣肘、凝心聚力,早出成果,打响红色品牌。这不仅是对大别山革命老区的经济建设的强有力支撑,也是党风廉政建设的优化、优秀革命传统的教育和社会主义核心价值观的丰富的重大助力。

第五章

推进大别山红色基因代代传工程建设的对策措施

2016年1月,习近平主席视察十三集团军,对"半截皮带"的故事感触很深。他强调指出:"部队中像这样的红色资源很多,要发掘好、运用好,丰富'红色基因代代传'工作内涵,加强党史军史和光荣传统教育,确保官兵永远听党话、跟党走。"[①]这一重要论述,为新时代推进大别山红色基因代代传工程建设提供了科学指南。大别山红色基因代代传工程建设是一项复杂的系统工程,当下既有亟需保护的革命遗址,又有亟需开发的红色资源;既要各地区走差异化道路,又要整个区域统筹一盘棋建设;既要军队与地方各担职责,又要走军民融合道路。推进新时代大别山红色基因代代传工程建设,应综合施策,走内涵式发展道路。

---

① 习近平:《论中国共产党的历史》,北京:中央文献出版社,2021年,第107页。

第五章　推进大别山红色基因代代传工程建设的对策措施

第一节　加强大别山红色基因代代传的理论研究

自1921年中国共产党成立始,我们党为了民族独立、人民幸福进行了艰苦卓绝的探索,克服了一个又一个困难,使民族独立、国家富强的梦想逐步成为现实。在长期的革命实践中,我们党形成了自己独特的革命精神谱系,构建了一个个高耸入云的精神丰碑。2021年2月,习近平主席在党史学习教育动员大会上深刻指出:"一百年来,在应对各种困难挑战中,我们党锤炼了不畏强敌、不惧风险、敢于斗争、勇于胜利的风骨和品质。这是我们党最鲜明的特质和特点。在一百年的非凡奋斗历程中,一代又一代中国共产党人顽强拼搏、不懈奋斗,涌现了一大批视死如归的革命烈士、一大批顽强奋斗的英雄人物、一大批忘我奉献的先进模范,形成了井冈山精神、长征精神、遵义会议精神、延安精神、西柏坡精神、红岩精神、抗美援朝精神、'两弹一星'精神、特区精神、抗洪精神、抗震救灾精神、抗疫精神等伟大精神,构筑起了中国共产党人的精神谱系。我们党之所以历经百年而风华正茂、饱经磨难而生生不息,就是凭着那么一股革命加拼命的强大精神。"[①]大别山精神是中国共产党革命精神谱系的重要组成部分。习近平主席对大别山革命老区有着深厚的感情。2010年

---

① 习近平:《在党史学习教育动员大会上讲话》,《求是》,2021年第7期。

1月,时任国家副主席的习近平同志在湖北调研专门考察了黄麻起义发生地红安县,并在红安七里坪红四方面军总指挥部旧址与基层党员群众座谈。2016年4月,习近平主席考察金寨时深情地说:"一寸山河一寸血,一抔热土一抔魂。回想过去的烽火岁月,金寨人民以大无畏的革命精神,为中国革命事业建立了彪炳史册的功勋,我们要沿着革命前辈的足迹继续前行,把红色江山世世代代传下去。"[1]2019年9月,习近平主席在河南考察,参观位于新县的鄂豫皖苏区首府革命博物馆,他深刻指出:"鄂豫皖苏区根据地是我们党的重要建党基地,焦裕禄精神、红旗渠精神、大别山精神等都是我们党的宝贵精神财富。开展主题教育,要让广大党员、干部在接受红色教育中守初心、担使命,把革命先烈为之奋斗、为之牺牲的伟大事业奋力推向前进。"[2]近年来,习近平主席走遍了大别山三大革命重镇,首次明确提出了"大别山精神"概念,鲜明指出了大别山精神在中国共产党革命精神谱系中的重要地位,为研究弘扬大别山的精神提供了根本遵循。

大别山地区在革命战争年代能够创造"二十八年红旗不倒"的革命传奇,以红色基因积淀而成的大别山精神是其精神力量支撑。大别山红色基因的内涵实质博大精深。目前在这方面的研究还处在初步阶段,对其内涵要义的概括存在不够准确、不够精炼、不够深刻等问题,需要理论工作者立足大别山革命历史实

---

[1] 钱中兵等:《习近平考察金寨》,《新华网》,2016年04月25日。
[2] 鞠鹏等:《坚定信心埋头苦干奋勇争先谱写新时代中原更加出彩的绚丽篇章》,《河南日报》,2019年09月19日01版。

践和新时代理论表达的范式,归纳出符合历史实际,为社会所认可并具有大别山鲜明特质的精准表述。这是推进大别山红色基因代代传的前提和基础,也是新时代赋予大别山红色基因代代传理论工作者的重任。理论要回应实践,而实践之树常青。对大别山红色基因代代传理论研究应一直在路上,永远没有止境。

一、深度挖掘大别山红色基因精神内核

当前,鄂豫皖三省不同部门与部队理论工作者都从不同角度对大别山精神作了一些理论探索,为人民认识和研究大别山精神提供了借鉴。关于"大别山精神"核心元素的构成,也即大别山红色基因的提炼,三省多地表述不尽相同。由于直至2019年9月,作为党、国家和军队最高领导人的习近平同志考察河南时才在中央层面提出"大别山精神"的概念,赋予大别山精神重要的历史地位,所以,目前学术界对大别山精神尚未形成统一认识,还基本停留在众说纷纭的阶段。在前些年的研究中,湖北红安将其概括为"一要三不要",即"要革命、不要钱、不要命、不要家";"一图两不图",即"图奉献,不图名,不图利";"朴诚勇毅、不胜不休"。安徽金寨表述为:"坚贞忠诚、牺牲奉献、一心为民、永跟党走。"河南信阳表述为:"坚韧忠诚的理想信念、胸怀全局的政治品格、朴诚为民的革命本色、不胜不休的顽强作风。"河南省社科联学者表述为:"坚决彻底的革命精神、不屈不挠的斗争精神、自强不息的奋斗精神、无私无畏的献身精神。"安徽省党史办学者表述为:"坚守信念、对党忠诚,胸怀全局、敢于奉献,军民同

心、团结奋斗,不畏艰苦、勇当先锋。"2021年3月24日,光明日报发表常河、马荣瑞等学者文章《大别山精神:赓续红色血脉 逐梦新的征程》,把大别山精神表述为:"坚持理想,时时刻刻以大局利益为重;不畏牺牲,努力创造惊天动地伟绩;凝心聚力,同人民想在一起、干在一起。"可以看到,各家侧重点不同,出现百家争鸣的局面,这恰恰说明大别山红色基因的内涵实质还需要深度挖掘。

但我们认为,大别山红色基因与大别山精神还是有区别的,应该是大别山精神积淀着大别山红色基因,红色基因有机组合共同构筑了大别山精神。大别山属于群体基因的范畴,而群体的基因是由具有同一目标和信仰的人共同锤炼的。在导论中,我们集思广益、多方考证、反复推敲,我们将大别山红色基因概括为:大别山红色基因是指在中国共产党诞生后直到新中国成立这一特定历史时期,在大别山这一特定地区,大别山军民在中国共产党领导下,在血与火革命实践中,锻造而成的革命信念、革命意志、革命品质、革命本色。大别山红色基因是中国共产党人的红色基因的源头之一,是我党我军红色基因谱系的重要组成部分,是我党我军的宝贵精神财富,是中国共产党人的初心使命、性质宗旨、政治本色和人格力量在大别山这一特定区域的集中反映,体现了马克思主义世界观和方法论,体现了民族精神、革命精神和时代精神的有机统一。其具体内容包括:历挫弥坚的理想信念、不胜不休的斗争精神、甘于牺牲的大局观念、依靠群众的宗旨意识、艰苦奋斗的革命本色。虽然我们从基因微观的角度概括出了大别山红色基因五个方面的内容,但我们认为还处于理论研究的浅表层次。新时代赓续大别山红色基因就需要在理论上不断探索。

深化大别山红色基因精神内核研究,离不开大别山革命斗争特定的历史阶段。要紧紧扭住大别山区域军民那段史诗般的奋斗岁月,重点揭示大别山"二十八年红旗不倒"那段不平凡历史深厚的底色:那是一段数以万计的大别山优秀儿女用青春和赤诚、无数大别山英烈用热血和生命谱写成的悲壮史诗;那是一段文明与野蛮、正义与邪恶、革命与反动殊死搏斗的辉煌历史;那是一段清除一切污泥浊水,战胜一切艰难险阻,告别贫穷落后一盘散沙、改天换地的凯歌历史;那是一段我们党唤醒群众、依靠群众、扎根群众,与大别山人民生死与共、血脉相连,带领劳苦大众共同创造扭转乾坤的历史。1921年7月,来自大别山地区的董必武(中共一大代表)、陈潭秋(中共一大代表)、包惠僧(新闻记者,列席中共一大)出席了中共一大会议。同年11月,陈潭秋等在家乡黄冈吸收当地进步师生入党,建立了八斗湾和陈策楼两个党小组,1922年发展为连个党支部。安徽寿县于1922年春建立了中共小甸集小组,次年冬扩建为小甸集特别支部。党的地方组织的建立,开启了中国共产党领导大别山革命斗争的历程。从1927年秋,我们党独立开展武装斗争,到解放战争胜利,这里的武装斗争从未中断过始,始终有我们党领导的成建制的革命武装力量存在,革命斗争持续长达22年,这在中国革命史上十分罕见,"红旗不倒"是大别山革命斗争的主要特点,这也是深度挖掘大别山红色基因精神内核的立足点。

深化大别山红色基因精神内核研究,要立足那片有明显特色的地域文化。大别山是绵延于鄂豫皖三省交界地区的山脉体系,从行政区划看,主体部分主要分布在鄂豫皖三省的26个县(区)。大别山地区人文历史有较为丰厚的积累。以马克思主义先进文化方向为引导,"鄂豫皖大别山这一特定区域,融合了中国传统儒、释、道等主流文化、区域内中原文化、吴楚文化、宗教文化等多种文化元素,从而融合生成为一体具有明显地域鲜明特征的特色文化。"[①]大别山文化具有明显的南北文化兼容的特点,南北文化的这种交流、融合在大别山地区的民众生活、文化习俗中也有明显表现。信阳素有"北国江南""江南北国"之称,这不仅是气候环境方面的相似,更有文化的南北兼容的意涵。这里的民众性格特点,既有北方人的质朴、纯真,又有南方人的干练、精明。既倔强、坚韧,敢作敢为,又宽容,和善,忠诚大度。

深化大别山红色基因精神内核研究,要在深耕资源建设中进一步丰富精神内涵。大别山红色基因五个方面的科学内涵,每一个方面都应有可歌可泣、丰富翔实的史料资源支撑。大别山红色资源一般包括物质、文化、制度、行为等方面,对这些资源的探索、研究不仅是历史应有的态度,也是红色文化沉淀、红色精神凝练、红色基因赓续必要的路径。大别山红色文化是中国

---

① 江峰、王颖子:《中国红色文化生成的系统要素透析——以大别山红色文化为例》,《北京师范大学学报》,2010年第06期,第91~99页。

红色文化的主要源流之一,大革命时期,这里掀起了轰轰烈烈的农民运动;土地革命战争时期,以黄麻起义、商南起义、六霍起义为标志,建立形成了鄂豫皖苏区革命根据地,是当时仅次于中央苏区的中国第二大革命根据地;"党的创始人陈独秀、李大钊,中共一大代表董必武、陈潭秋等亲自指导了这里的建党活动,徐向前、刘伯承、邓小平、李先念等老一辈革命家在这里留下了战斗足迹。这里诞生了红四方面军、红二十五军、红二十八军,走出了三百四十多位将军,二七大罢工影响深远,大别山'二十八年红旗不倒',鄂豫皖苏区首府所在地新县是'将军的摇篮',中原局旧址确山竹沟被称为'小延安'。"①这里是中国敌后抗战的"模范区",曾出现国共合作、全面抗战的打好局面;这里也是刘邓大军千里挺进之地,人民解放军从此揭开了战略反攻的序幕;这里还是解放军渡江作战的前进基地和渡江后的巩固后方……这里是将军的摇篮、英雄的故乡,在这片广袤的沃土,数十万英雄儿女为革命献出了生命。在那烽火连天的岁月,大别山军民以矢志不渝跟党走的如铁信念,凝聚不屈的力量,把大无畏的牺牲镌刻在民族的丰碑上,把血写的历史留在党史军史上。这里红色资源丰富,据统计,鄂豫皖三省大别山区保存的革命文物中,包括国家级、省级、市县级文物保护单位1036处,一般文物点3000余处。走进大别山,"村村有烈士,户户有红军,山山埋忠骨,岭岭皆丰碑"。目前,我们需要深入研究、探索的史料还很多,资源

---

① 习近平:《论中国共产党历史》,北京:中央文献出版社,2021年,第261页。

建设与应有的历史贡献还不匹配。

深化大别山红色基因精神内核研究,要整合当前大别山不同区域所凝练的大别山精神表述,在差异中探寻普遍性的大别山精神的精准表述,为社会所认同,完整呈现大别山红色基因所标定的"鄂豫皖苏区是我们党的重要建党基地、也是中国工农红军的诞生地之一","大别山精神是我们党的宝贵精神财富"的重要历史地位。

二、强力彰显大别山红色基因时代价值

红色基因是制胜的密码、信仰的种子、精神的归宿,它跨越时空世代传承,谱写了一幕幕壮丽的篇章。在长达28年的革命斗争中,大别山军民浴血奋战,为中国革命的胜利和新中国的诞生建立了伟大的功勋,作出了巨大牺牲。在漫长的革命历史中,大别山百万英烈前仆后继,用鲜血和生命铸就了光辉灿烂的大别山精神,凝成了永不褪色的大别山红色基因。大别山成为中国革命的重要策源地、人民军队的重要发源地。习近平主席深刻指出"中国革命历史是最好的营养剂",[①]在举国庆祝中国共产党建党100周年之际,我们要赓续大别山红色基因,强力彰显大别山红色基因当代价值,汲取丰富营养、汇聚磅礴力量。

大别山的红色基因蕴含着厚重的历史文化、丰富的革命精神,承载和传递着优良民族品质、革命传统等,为凝聚中国磅礴

---

① 习近平:《中国革命历史是最好的营养剂》,《人民日报》,2013年7月17日。

力量,助推强军梦、中国梦实现,使我们取之不竭的精神宝藏。彰显时代价值,关键是要在历史与现实、传统与现代之间实现对接,与时俱进地赋予新的时代内涵。理论研究要注重在继承的基础上不断给大别山红色基因注入时代的元素,主要体现以下几点:

一是社会发展规律上的历史印证价值。中国近代历史,是国家积贫积弱人民饱受磨难的历史,无数革命者为之苦苦求索为之英勇牺牲,但没有改变人民悲惨的命运。中国共产党领导的大别山地区的28年革命斗争历史,高扬的红旗颜色依然鲜艳,书写了无愧于党、无愧于人民的历史答卷。英雄的大别山,先后有200多万人参军参战,其中36万英雄儿女为革命英勇献身,大别山的光辉革命历史,见证了"没有共产党就没有新中国"的历史,昭示了"只有共产党才能解放人民、只有社会主义才能救中国"的真谛,证明了"没有人民的军队,便没有人民的一切"的道理。

二是中华文化发展上的文明传承价值。在我们党领导下形成的大别山红色基因,在长期的斗争实践中形成的,它是马克思主义中国化发展进程中的重要环节,是中华文化发展中的重要形式,它凝聚和凸显了中国共产党人理想信念、革命精神、道德情操等。大别山红色基因,充分体现了中国精神。中国历史上下五千年,一以贯之的是以爱国主义为核心的民族精神,在改革开放40多年的历史大潮中形成的改革创新精神,这是中国精神的集中体现。在中国历史上,鄂豫皖大别山区域从来都具有鲜明的特色,这里南北文化交融,有本土文化,也有中原文化与南方楚文化、东南吴越文化的因子,形成了楚风皖韵、豫风楚韵交错存在的特点。历史上名人辈出,如著名政治家孙叔敖与司马光、著名医学家李时珍等都是本土人,这里物华天宝、人才辈出。大别山红色基因吸收了人类先进文化,包含了中国优秀传统文化,是中国文化发展中的一个重要成果、一个重要内容。大别山区域千千万万的共产党人和革命群众,把特有的中华传统文化元素融入大别山革命斗争实践中,在潜移默化中描绘大别山文化的底色,传统文化也在轰轰烈烈革命实践中不断创新发展。新时代传承大别山红色基因,要彰显自古至今鲜明的地域特色,在国内国际学术领域凸显话语权,占有一席之地。

三是中国革命精神谱系的源流地位。100年来,中国共产党为了民族复兴、人民幸福,进行了艰苦卓绝的奋斗,在伟大的革命实践中,我们党形成了自己独特的革命精神谱系,构建了一座座精神丰碑。大别山精神是中国共产党精神谱系的组成部分。大别山精神既有与其他革命精神一脉相承的共同特征,也有自身鲜明的特色。大别山是全国建党最早的区域之一,也是革命发生最早的区域之一,在全国革命发展和革命精神的形成中具有重要的示范作用。早在中共一大之前,董必武、陈潭秋、恽代英、林育南、高语罕等就在大别山地区传播马克思主义。中共一大后不久,大别山各地就陆续建立党的组织。大革命时期,大别山的农民运动轰轰烈烈。土地革命战争开始后,这里爆发了在全国造成巨大影响的黄麻、商城、六霍三大起义。这里也是继毛泽东秋收起义部队之后最早走上工农武装割据道路的革命武装,大别山也是继井冈山革命根据地之后最早建立革命根据地的地区之一,也是人民军队的重要发源地。在长期的革命过程中,不断探索创新组建革命武装、建设红军队伍、形成灵活机动的战法战术、开辟革命根据地等,取得突出功勋,不断丰富了大别山红色基因的内涵。我们看到,相比于井冈山精神、苏区精神、长征精神、延安精神等,大别山精神的时代价值在新时代还需要在更广的范围、更深的程度彰显。

四是核心价值观传承的社会教化价值。社会主义核心价值观蕴含着党的红色基因,体现了党的优良传统和优良作风。包括大别山精神在内的党的精神谱系,是社会主义核心价值观的深厚源泉。大别山红色基因凝聚了党在革命时期的优良传统,社会主义核心价值观,根植党的优良传统和现实社会,二者存在内在的逻辑关系。大别山红色基因是厚重的精神财富,是社会主义核心价值观的重要源流,是新时代教育的瑰宝,不同时代、不同群体的人们都会从中得到收获与感悟。红色基因的传承,可以使不同受众群体受到红色文化信仰的洗礼、受到英雄精神的激励、受到优良品质的熏陶,激励人们树立崇高理想追求,拼搏奋斗,为实现民族复兴作出自己应有贡献。

五是经济社会发展上的产业开发价值。红色文化是红色基因的重要表现形式,红色文化具有良好的知名度和品牌效应。大别山精神是中国共产党在领导大别山人民进行革命斗争中形成的,因此,大别山精神对于大别山地区经济社会发展等方面具有直接的推动作用,是老区振兴发展的精神动力。大别山革命历史、革命文物、革命遗址遗迹等都是大别山精神的现实载体,这是大别山老区人民振兴发展的重要文化财富。大别山区革命遗址丰富多样,是全国重要的红色文化资源集中分布区。分布在大别山各地的一处处红色文化资源,恰如老区人民的一座座"金矿"。可歌可泣的人、物、事,赓续着我们党和人民军队红色的血脉,既是宝贵的精神财富,也是发展红色文化产业的厚重资源,把红色文化与自然生态结合起来,寓教于乐,既有利于传播先进文化,又有利于使老区经济社会发展。

三、持续推出大别山红色基因理论精品

对大别山红色基因的理论研究,在时空方面不能作过于狭窄的界定,要放在中国革命的大背景和马克思主义中国化的视域下,既要梳理其历史内涵,又要挖掘其时代价值,方能不断推出理论精品。大别山红色基因始于土地革命时期,在艰苦卓绝的革命环境中铸就而成,贯穿了中国革命整个新民主主义革命时期,这是中国革命精神形成发展中是特有的。大别山精神与井冈山精神、苏区精神、长征精神、延安精神、西北坡精神等中国革命精神在基本内涵上具有共性。但是在不同时期、不同地域形成的,其精神内核具有特殊性。大别山红色基因,既与苏区精神所积淀的基因有交叉,又与长征精神所蕴含的红色基因相关联,又是延安精神的源头之一。我们需要从整个中国革命精神谱系角度探讨大别山红色基因内涵,以及它与其他革命精神的

区别和联系,发现其比较优势。鄂豫皖革命根据地建设扎根于大别山,是我们党创造性运用马克思主义基本原理与当地革命实际相结合的成功范例,使我们党的重要建党基地。所以,研究大别山红色基因要放在全党的高度和范围来探讨其具有的中国烙印、中国风格、中国气派。

2019年9月,习近平主席考察河南时明确指出,鄂豫皖苏区根据地使我们党的重要建党基地,焦裕禄精神、红旗渠精神、大别山精神等都是我们党的宝贵精神财富。大别山红色基因研究迎来了春天。这就需要通过揭示大别山革命斗争在中国革命中的重要历史地位,持续推出红色文化理论精品,传承大别山红色基因。

推出理论精品,应准确把握习近平主席作出的"鄂豫皖苏区根据地是我们党的重要建党基地"的重大论断和"大别山精神是我们党的宝贵精神财富"的重要论述,站在中国革命的宏观视角,坚持用历史的眼光和实事求是的思想路线,正确认识和看待大别山的革命历史地位,冲破过去研究思维视野不宽的禁锢,深化鄂豫皖根据地历史研究,深度挖掘和精准提炼大别山红色基因的科学内涵,尽快推出中央层面认可的精品力作。

推出理论精品,应不断从大别山红色文化的精神内涵中汲取能量,走内涵式红色文化发展路子。在创新中不断提升文化品位,要切实避免红色文化资源开发中的庸俗化、功利化倾向。要注重红色文化资源特征、鲜明地域特点,契合不同受众群体的文化需求,不断创新文化形式,在"新"和"活"上做足文章,与时俱进地对红色文化资源进行内容上的提炼,针对现代青年人尤其是90、00后的年轻人的心理,激发其好奇心、求识欲,使群体能很好理解和接受革命先辈们的世界观、人生观、价值观以及先辈们行为方式的红色文化产品,不断从理论上有效回应他们的文化关切和需求。

推出理论精品,应有效整合部队以及鄂豫皖三省学术研究力量,通过课题公关、专题交流研讨会、开辟专栏等形式,准确阐释、深度挖掘大别山红色基因的思想内涵、重大意义和时代价值,打造一批具有全国较大影响力的大别山红色文化交流合作项目,大别山红色基因代代传工程建设的示范平台,持续推出一批富有思想内容、理论高度和实践价值的学术成果。我们认为,大别山红色基因外现了政治性与人民性、理论性与实践性、精神性与物质性、民族性与开放性相统一的特征,这些特征应是下一步理论研究的重要方向。

第二节 加快大别山红色基因代代传的资源建设

习近平主席强调指出:"要让收藏在博物馆里的文物、陈列在广阔大地上的遗产、书写在古籍里的文字都活起来。"[①]红色基因的传承首先要以红色载体为依托,加快新时代红色资源建设,

---

① 习近平:《主持中共中央政治局第十二次集体学习》,《人民日报》,2013年12月31日。

对推进红色基因代代传工程建设尤为重要。在大别山地区蕴藏着丰富的红色传统资源,据统计,大别山区保存的革命文物中,包括国家级、省级、市县级文物保护单位1036处,一般文物点3000余处。大别山走出的349位开国将军可歌可泣的传奇故事,大别山中"村村有烈士,户户有红军,山山埋忠骨,岭岭皆丰碑"背后的故事,大别山区域一尊雕塑、一座纪念碑、一首歌、一句口号、一幅宣传画、一本书、一部影视剧、一条红色旅游线路……走进它、认识它、感受它、融入它,就会感到红色基因如此真实、如此鲜活,引人入胜、令人流连忘返。大别山红色资源建设应在激活传统资源中传承红色基因,只有不断丰富创造有形的载体,让民众尤其是广大青年群体、部队官兵看得见作风、摸得着历史、记得住传统,才能扎实推进大别山红色基因代代传工程建设。

多年来,由于大别山地区交通不如平原地区便利,加之大别山红色资源分布分散,相当一部分红色场馆在县城、乡村或城乡结合部,观众实际参观受教育的时间较少,观众往往将大部分花在坐车赶路上。在新时代,加快建设大别山红色资源,鄂豫皖三省要树立一盘棋一体化建设理念,积极构建一体化的经济和社会效益机制措施,不断完善大别山红色文化产业体系和市场体系,完善文化管理体制,推动大别山红色事业长期繁荣发展,实现全面、综合、生态发展。要大力支持一些以传承大别山红色基因、弘扬爱国主义精神和新时代改革创新精神为主题的优秀作品,包括抖音、微视频、纪录片、电影、电视剧、艺术作品、文艺演出、红色旅游、红色场馆等建设,不断增进大别山军民对红色文化的自觉自信。

一、创建特色红色馆室

红色馆室是对红色历史的记忆,具有越掘越深、越学越厚的丰富内涵。新民主主义时期,大别山28年红旗始终高高飘扬,许许多多重大革命历史事件发生,硝烟散去岁月痕迹尤在,大别山区域诸多村镇留有很多遗址、旧址。例如,金寨处在大别山腹地,被誉为"红军的摇篮、将军的故乡"。这里先后组建过11支主力红军队伍,是红二十五军、红四方面军的主要发源地。位于大别山中心区的红安,全国著名将军县,是著名的黄麻起义策源地;也是鄂豫皖革命根据地的发祥地和革命斗争中心。这里也是新四军第五师坚持敌后抗战的主要区域,邓大军挺进大别山的主要立足点。

大别山地区遗址、旧址主要分为五类:一是纪念馆、博物馆。如鄂豫边区烈士纪念馆、金寨县革命博物馆、金寨县烈士纪念馆、鄂豫皖苏区首府革命博物馆、黄麻起义和鄂豫皖苏区革命历史纪念馆、鄂豫皖红军纪念园、新四军五师纪念馆、董必武纪念馆、李先念纪念馆等。二是名人故居、旧居。如董必武故居、陈潭秋故居、李先念故居等。三是烈士陵园、烈士墓地、就义地。如红安烈士陵园大别山、烈士陵园等。四是红色遗址。红二十五军军政机构旧址、七里坪革命旧址、中国工农红军第一司令部旧址、黄安农民协会旧址、红田惨案遗址等。五是纪念地、纪念碑。如金寨县红军广场、红四方面军纪念碑、红二十八军白崖寨战斗纪念地等。众多英模人物、红色馆室,见证了我党我军在大别山波澜壮阔的革命史、艰苦卓绝的斗争史、可歌可泣的英雄史、不断创新的发展史,镌刻着无数英雄先烈和革命前辈的丰功伟绩,蕴藏着无数振聋发聩的观念突破,凝聚着无数前无古人的伟大创新,包含着无数惊心动魄的历史转折,传颂着无数可歌可泣的革命英烈故事。

多年来尤其是近年来,大别山各地方政府和部队单位对现存的众多遗址、旧址、场馆投入了大量资金,做了大量卓有成效的工作。鄂豫皖苏区首府革命博物馆、金寨县革命博物馆、金寨县红军广场等场馆,设施先进,功能齐全,许多场馆建设还用了先进的声光技术,给人以感官震撼,为参观者留下深刻印象,民众受教育效果良好。

通过我们实地调研发现,一些场馆在进行传承和激活红色基因工作中还普遍存在模式不完善、活动形式缺少多样、教育内容单一、教育方法不灵活、信息化载体不能很好运用、观众的共鸣度不强、实效性不够等问题。红色文化开发旧模式较多,大多停留在静态形式。"红色教育基地"除场馆、建筑之外,文字、图片、实物、加上雕塑、画像等是最普遍最常见的展示物,受众缺乏直观性、生动性、体验性。许多红色场馆坐落于大别山腹地,目前在一些偏远村镇道路崎岖,交通尚不便。场馆建设趋同化也不太容易让远道而来参观者慕名前往。

如何使场馆特色化、差异化是推进场馆建设应着重考虑的问题。利用现代科技,让参观者参与其中、充分体验,应是场馆特色建设的重要方向。如何文物活起来呢？可以借鉴一些城市类似场馆建设经验,每一个文物均设置二维码,参观者扫一扫就能参与其中;发掘和运用红色文化资源,对一些重要文物、重大历史事件注重创设再现情景,根据受众不同、客观环境差异,以及不同时间节点所导致的不同氛围和境况,选用恰当的情景融合式方法手段,增加受众参与度、体验感,利用现代光电、信息技术等将观众引入使其身临其境,使特定时间、地点、事件、人物等再现,使红色文化的内容与人们的心理情感深度融合;可以尝试在一些大型场馆建设一批情景剧、话剧等表演剧目,这对于外地红色旅游的受众具有较大吸引力,也有良好观看效果;驻地部队单位应发挥独特的资源优势,积极与驻地联合修建爱国主义基地、革命纪念馆、烈士陵园等红色场馆,挂牌成为常态化的爱国主义和革命传统教育基地。

二、讲好经典红色故事

习近平主席指出:"要讲好党的故事、革命的故事、根据地的故事、英雄和烈士的故事,加强革命传统教育、爱国主义教育、青少年思想道德教育,把红色基因传承好,确保红色江山永不变色。"[①]红色资源的"人、事、物、魂"是革命先辈从事革命活动鲜活而生动的历史见证。每一位革命志士、一处处革命遗址、一件件

---

① 习近平:《论中国共产党历史》,北京:中央文献出版社,2021年,第111页。

珍贵文物、一个个革命事件,都以事实再现了革命先辈英勇斗争的革命历程,都诠释了革命先辈的爱国爱党情怀和对革命精神、革命道德和革命信念的追求。

大别山红色基因传承应该有滋有味。传承红色基因,最重要的是从我们党领导大别山军民艰苦奋斗的辉煌历史中汲取营养、智慧和力量,更好地开创未来。大别山这片神奇的红土地上,打开历史画卷,我们可以看到,大别山革命历史,并不是干巴巴的几条筋,也不是冷冰冰的几句说教,而是有人、有事,有文、有武、有诗、有画、有汗、有泪、有歌、有舞、有牺牲、有成功,有故事、有情怀,有艰难曲折、有凯歌行进,有深沉思考、有豪情壮志,有非凡过去、有新型未来的巨大宝库。讲好这里生动感人的故事,使学习感悟变得有滋有味。

讲好红色故事是传承好红色基因的有效载体。红色故事是一部历史,记录着中国共产党带领大别山军民顽强拼搏的艰苦历程;红色故事是一幅画卷,展现了中国共产党在大别山区域带领人民翻身解放的壮丽场景;红色故事是一部凯歌,传承着大别山军民可歌可泣的英雄史诗,记载了成千上万革命英烈的奋斗足迹,承载了历久弥新的我党我军正确的价值理念、行为操守,讲好红色故事能够使我们进一步对我党我军的光荣传统有更深层次的理解和感悟,这也是被实践证明了传承红色基因最简洁、最管用的方式。

历史的魅力体现的细节。多年来,大别山红色基因传承虽然做了大量卓有成效工作,也编撰了一些典型故事,但面对新形势这是不够的。大别山革命历史现在一些历史资料多是编年体、大事记、粗线条、缺少有血有肉的故事,缺乏打动人心的细节,受教育者感到枯燥,影响红色精神的弘扬效果。历史是一座富矿,只要深挖一锹,好的素材就会冒出来。当前,要尽快收集整理好大别山地区对革命有重要影响的革命志士和为革命事业而牺牲的革命先烈们的英雄事迹,挖掘好每一件遗留物品、每一处革命旧址和遗址背后的典型故事,收集好有重大影响的革命活动或历史事件事实。

大别山区域革命早期,许多共产党人是出生于富裕家庭的知识分子,例如被称为革命秀才的詹谷堂,被捕后连续九天受尽火烤铁烙酷刑,四次被拉出去陪斩,敌人最终也没有从他那里得到一个字,最后他用鲜血在牢房写下"共产党万岁",为革命流尽最后一滴血!商南起义领导人之一周维炯——"要革命、先自我革命",像周维炯烈士这样在大别山很多,他们动员民众革命,很多时候是通过"革自家人的命"来赢得贫苦农民的认可和支持的。受尽酷刑、面对凶残敌人用冰冷刺刀顶住脖子逼问"要头还是要共产党"的黄安程昭续,他斩钉截铁回答"老子要的当然是共产党!"随后是鲜血染红了大地的壮烈一幕!程昭续的一生短暂而壮烈,他用生命阐释了一名共产党员,对党的忠诚与热爱,用实际行动投身于革命,不怕困难、不怕牺牲,为了革命事业成功付出了自己的一切,这位坚挺脊梁死、决不跪着生的铮铮铁汉,值得我们所有人永远怀念。

大别山军民胸怀大局甘于牺牲,中国工农红军第二十五军是北上先锋,创造长征奇迹的"儿童军","产生了'儿童军'这支部队大多数战斗员的年龄只有13岁到18岁"①。二十五军的长征,在战略上牵制了敌军力量,有力配合了中央主力红军的北上行动。在红二十五军中,有这样一位领导人,被毛泽东称为"对中国革命有大功的人""工人阶级的一面旗帜";被邓小平评价为"对党有一颗红心";被蒋介石视为"文明的一大害",并将其与彭德怀一起"赏洋10万"进行通缉,他就是在红二十五军中担任副军长的徐海东大将,他"三让"军职,为了革命大局不计个人得失。中央红军长征到达陕北后,缺衣少粮、经济极其困难,毛泽东写了借条向徐海东借款2500元,徐海东拿出全部家底留下2000元,给中央红军送去了5000元。许多年之后,毛泽东仍对这件事记忆犹新,曾在一次干部大会上讲:在陕北最困难的时候,多亏了海东同志借给我的5000元钱。那几千元钱可是帮了大忙!从抗战胜利到1946年6月下旬新四军第5师及后来组建的中原军区部队在宣化店为中心的狭小区域,顽强坚守,坚定不移贯彻执行党中央和中央军委的战略部署。长达十个月战略坚持,以高度的大局观念和大无畏的牺牲精神,克服难以想象的困难,与敌人斗智斗勇,牵制了30多万国民党军事力量,为全党全军抵御国民党集团发动的全面内战,赢得了时间,争取了主动,发挥了巨大的历史作用。中原突围开始后,由皮定均任旅长、徐荣任政委的第一纵队一旅,掩护主力突围,表现出色,创造了中

---

① 刘华清:《刘华清回忆录》,北京:解放军出版社,2007年,第55页。

国革命战争史乃至世界战争史的奇迹。1955年,实行军衔制时,毛主席在审阅授衔名单时,在皮定均的名下标注"皮有功、少晋中"。刘邓胸怀大局,勇挑重担,率大军千里跃进大别山。刘邓大军的鲜血染红了大别山的沟沟坎坎,染红了中原大地。刘邓大军胸怀全局,勇挑重担的伟大品格,牺牲小我、成就大我的奉献精神和全局意识,掀开了我党我军逐鹿中原的伟大壮举。

依靠群众的宗旨意识是大别山红色基因的重要方面。扎根群众、依靠群众、为了群众,大别山军民在长期革命斗争中留下了许多真实感人故事。1928年,鄂豫皖革命根据地的斗争处于低潮期,深秋的一个晚上,党代表吴焕先与赤卫队员被国民党军和民团武装围困在一座山上,处境相当困难,没有吃的。突围当晚,允许每个战士扒两块红薯,他用一块白布包了五块银元,布上写着:"亲爱的老乡,我们是工农革命军,因为要和国民党打仗,吃了您的红薯,特付银洋五元,请收。"然后,把布包埋在一棵红薯旁边。后来,老乡到地里刨红薯时,发现了这个布包。这则工农革命军在红薯地埋银洋的爱民故事,传遍了远近村庄。"红薯地上埋银元"的故事流传至今。

艰苦奋斗的革命本色是大别山红色基因的重要组成部分。鄂豫皖革命斗争史上艰苦奋斗放射出一次又一次夺目的光辉,人民群众正是透过这夺目的光辉对共产党为人民服务的宗旨有了更加深刻的认识。鄂豫皖革命根据地创建于土地革命战争时期,在它建立发展的初期,由于遭受国民党政府和反革命势力的军事"围剿"与军队封锁,粮食短缺问题一度极为严重。面临激烈的反"围剿"斗争,粮食生产的周期比较长,如何解决粮食难题?红军以种瓜、种菜渡过难关。抗战时期为克服困难,新四军第五师和华中抗日根据地军民的生产自给运动普遍兴起。师长李先念亲自下地劳动,开荒种菜,带领部队渡过难关。1947年,刘邓大军千里跃进大别山,由于实行的是无后方依托作战,部队刚进入敌占区,后勤补给遇到极大困难,物资短缺严重威胁着军队的安全。寒冬将至,棉衣无着。刘邓首长决定一面打仗,一面解决棉衣问题。当时称打好"棉衣仗"。刘伯承自己亲自动手剪裁,用草木灰浸染,部队十万将士缝棉衣,上演了一幕战争史上的奇迹。发生在这片神奇红土地上感人故事很多,比如还有《何大妈》《老道传书》《刘伯承改县名》等等。

讲好故事,当前要做的一个紧迫工作是抢救活历史。一方面,要对大别上红色历史传统进行抢救性发掘,在健全革命传统谱系中传承红色基因;另一方面,要针对老前辈年事已高、越来越少的实际,抓紧组织口述历史。2019年,驻大别山区域某部队,组织人员历时6个多月,先后赴鄂豫皖三省红色集中区,找到42名老干部记录口述历史,抢救了不少宝贵的历史资料。

讲好故事要采取多样式,在讲好传统已有故事的基础上,把红色历史故事拓展创编成青年群体喜闻乐见的舞台艺术、文艺节目,形象地演绎传统、再现历史、讴歌英模,使受众尤其是青年群体睹物思史、知古鉴今、心灵洗礼,这是抓好爱国主义教育和青少年思想道德教育,推进大别山红色基因传承的有效途径。

在新媒体环境下,人们尤其是青少年较少关注文字,而更加习惯于视觉带领的强烈冲击。应该说,大别山革命战争年代留下的革命遗物和所建造的场馆与全国其他地方差别不大,大家在参观遗址文物时,往往因为时间等客观因素或主观因素易走马观花,受到的感染不深,文字加遗物的冲击力不强。因此,要充分利用网络技术,实现观众与文物背后故事的互动,以强烈的视觉冲击,让观众切实感受大别山革命斗争的艰难,感受"妻送郎、父送子,男女老少齐武装"参加革命的踊跃场景,源于对党领导下的武装革命的坚定信仰。还可以依托大别山精神内涵制作符合青年群体的红色游戏,比如以大别山军民抗日故事为题材,编制有趣味的小游戏,充满乐趣的动漫故事,让人们在游戏动漫的趣味中体会到大别山军民艰苦奋斗、百折不挠的革命精神。利用抖音、微信、微博、QQ 等新传媒工具,集合优秀的网络资源,将大别山故事数字化,提升大别山红色基因传播的效度。

三、编写系列红色书籍

红色书籍是推进红色基因代代传的重要载体。围绕红色文化题材,创作生产、展演展示一批具有较高艺术水平、在全国能产生较大影响的一些长、中篇小说、纪实文学、人物传记、战史战例等优秀文艺作品,对推进大别山红色基因代代传工程建设具有非常重要的意义。

大别山地区已经存在许多优秀的纪实、文学作品,如《风雪大别山》《悲壮岁月——红四方面军纪实》《大势中原——千里跃进大别山》《李先念传》《将军生死录——皮定均传》《六安将军传》《中原突围史》《大别山风云录》等,都是新时代大别山红色基因铸魂育人的精品力作。新时代的青年群体,主要是在校大中专学生、部队青年官兵,对党的奋斗历史、军队的成长壮大历史知晓不多,对革命传统的形成、红色血脉的发展以及深刻内涵掌握不够全面。引导他们研读红色书籍,既注重知识灌输,有加强情感培育,使大别山红色基因渗进血液、浸入心扉是非常必要的。

有计划、成体系组织力量编写大别山红色精品书籍成为当下红色基因传承的基础性工程。体系精品图书可以与大别山红色基因的几个核心要素结合起来,深化研究出精品。红色书籍编写要结合时代特点,把增进青年的情感共鸣作为着力点。近年来,大别山干部学院编写的系列教学丛书,如《大别山革命简史》《大别山革命回顾》《大别山革命风范》《大别山革命记忆》《个别山革命英烈》《大别山革命蒋帅》等,都是适合干部党性教育、红色洗礼、以史鉴今、资政育人的好教材,也是适合青年阅读的精品力作。

传承红色基因莫忘儿童视角。如何通过出版物使青少年厚植爱国情怀、坚定理想信念,需要在大别山红色基因传承建设要同时注重儿童视角。编写好一批优秀儿童文学、诗歌、连环画等通过丰富表现方式、创新载体形式,为亿万少年儿童打好精神底色,赓续红色血脉。面向新时代少年儿童的红色图书要有温度、有厚度、有力度、有态度、多角度。着力构建寓大别山革命史、革命精神于生动故事、典型人物之中,集故事性、趣味性于一体,主题鲜明、图文并茂,深入浅出。图书力求独具特色,构建适合少年儿童的读史新体系,打造小读者喜闻乐见的历史读物。最近,由浙江少年儿童出版社的长篇励志原创诗歌《中国有了一条船》用韵味十足且浅近通俗的诗性语言阐释红船精神,为中国儿童打造诗世界之中的中国梦;由中国少年儿童新闻出版总社《伟大也要有人懂:小目标大目标中国共产党一路走来》用高度凝练的17个问题引领青少年带着思考走进历史寻找答案。这些图书给我们如何面向青少年红色文化图书编写提供了有益启示。

近年来,陆军炮兵防空兵学院、空军工程大学士官学校等军地教学科研单位,每年结合重大教育主题组织年会,将研究成果编辑出版,先后编辑了《大别山红色文化与中国梦》《大别山地区抗日战争的历史回顾与启示》《文化与传承——大别山红色文化》等著作。驻地部队院校把这些图书作为军校学员传承大别山红色基因的重要读物,在组织新学员长途拉练挺进大别山之前,学习大别山革命斗争史、阅读红色书籍是学员的必修课,取得了很好的红色教育成效。

四、创作一批红色曲舞

经过革命风雨的洗礼,在鲜血侵染的红色大别山地区产生了大量的红色歌谣。据不完全统计,大别山地区保存或流传至今的根革命歌谣有1000多首,以《三大纪律八项注意》《八月桂花遍地开花》等一批脍炙人口影响深远的红色经典作品,更是随着革命的发展唱响全国,成为家喻户晓的经典名曲,激励着一代又一代革命军民对党绝对忠诚、以身许国。

由于革命战争的艰苦环境和旧中国一穷二白的文化背景,产生于那个时代的民歌民谣,一方面它们真实而深情地反映了广大群众悲惨的生活境遇和跟着共产党闹革命的勇气和决心。另一方面,许多民歌民谣又难免具有朴实无华的原生态烙印,在歌曲的旋律上多是当地山歌小调的填词之作。这些红色歌曲给革命民众带来了无比欢乐,增添了巨大精神动力。实践证明,红色歌曲、红色戏曲、红色歌舞等都是传承红色基因的绝好载体。在信息网络化高速发展的今天,如何使当代人尤其是"00后"新生代能很好地理解和接受革命先辈的思想境界和行为方式?这是新时代传承大别山红色基因必须解决好的现实问题。

在新时代推进大别山红色基因代代传工程,必须紧贴对象,了解需求,紧跟时代步伐,挖掘易于大众化接受的红色资源。要契合现代青年人的认知需求,对文化资源蕴含的红色因子进行再提炼、再创造;运用"红色基因+"新形式,创作一批体现大别山地域特色的歌曲、戏曲,通过央视等官方融媒体,利用微信、抖音等平台发布出去,使大别山红色基因在传唱红色歌曲中升华,展现其应有的时代魅力,进而产生强烈的震撼力和感染力,使大别山红色基因浸入青年一代的血脉。

在大别山地区,军民结合革命和建设实践,创作了诸如《葡萄仙子》《月明之夜》《梅花落》《歌唱苏维埃》等经典红色舞蹈。这些红色舞蹈作品,对传承大别山红色基因、丰富大别山军民精神文化产生了重要作用,但在全国有较大影响的还较少,缺少大手笔大制作的经典力作,难以企及大型音乐舞蹈《东方红》《黄河大合唱》《长征组歌》等红色经典。当前,要结合大别山丰富的红色资源、优美的自然生态资源,把红色曲舞与绿水青山结合起来,与红色旅游融合起来,面向旅游市场创作一批大型融曲舞为一体的精品,实现社会效益与经济效益双增收。大别山红色曲舞创作和展演,可以借鉴国内一些知名景区打造的歌舞剧,如《印象丽江》《丽江千古情》《宋城千古情》《九寨沟千古情》《长恨歌》《藏迷》等,通过山水风光、现在乐舞、诗歌旁白、现代灯光音响及特效等表现手法,创作一批具有大别山特色的红色舞曲,让大别山红色文化漫布全国、走向世界。

五、拍摄精品红色影视

影视是人们很容易接受的红色文化传承形式,通过直观形象的方式展现大别山地区红色历史,对于做"活"打造大别山红色文化品牌,进一步扩大大别山红色文化在全国的影响力意义重大。红色影视作品也是当前传播大别山红色基因的重要方式之一。现实生活中,因为一部经典影视作品把一个地方带火了,从而吸引源源不断的八方宾客的事例比比皆是。

这些年来,有关部门推出了一些以大别山为题材的红色电视剧,代表性的有《中原突围》《大进攻序曲》《上将许世友》《徐海东大将》《上将洪学智》等;大型革命文献纪录片《北上先锋》《丰碑》《中原雄狮》等。这些红色影视作品,都展现了大别山革命群众坚定的革命理想和豪迈的战斗精神,既有理想主义的情怀,也象征着高尚的革命情操；这些红色影视作品具有较高的艺术水平，随着时间推移更凸显其时代价值。红色文化产品特质性明显，它不同于一般的文化载体，它的价值不仅是知识性、经济性、观赏性，更多地传递了昂扬的价值观、体现了革命性、导向性、承载了先进性、不断发挥激励性。创作红色影视文化产品，就是要对大别山红色资源进行分析研究，对厚重的红色底蕴、丰富的内容进行提炼、加工、升华，进而推出具有时代意义的红色文化精品。

当前，多元化的艺术形态使传统的红色经典没有像以前那样占据人们的主流精神生活。随着新媒体的发展，人们对影视作品的要求越来越高，所以创作一批以大别山为主题的优秀影视作品就显得格外重要。例如，电视剧《亮剑》中的李云龙的原形就是从大别山走出去的王近山将军。该剧用平实、平易的视角进行诠释，给人一种亲切感，使红色精神更易为人们所接受。当前，为更好把大别山红色基因传承好，应研究确定一批红色文化主题，走军地联合的路子，坚持大投入、大手笔、大制作，加快拍出一系列能够反映大别山波澜壮阔革命历史的红色经典影视，扩大对外影响。要鼓励引导制作机构深入挖掘红色文化深刻内涵、精神实质和当代价值，避免过分强调收视率、收听率、上座率、点击率和发行量，要坚决抵制庸俗、媚俗之风；要防止各类娱乐化红色题材倾向，更要对某些歪曲历史、丑化先辈的影视作品加强审查和过滤，坚决防止戏说大别山精神，以免造成民众心中的疑虑和思想上混乱；鼓励引导制作机构坚持"三贴近"，以喜闻乐见的叙述手法、表达方式和传播形式,努力做到成风化人、润物无声、植入人心。

大别山红色经典影视的生命力来源于大别山红色基因的世代传承。大别山红色基因产生于艰苦卓绝的革命斗争年代,植根于与人民群众的血肉联系之中。她是中国共产党人的信仰内核,是革命信念代代相传的物质和精神基础,更是"红色经典"生命再造的力量源泉和内生动力。再次出现了"红色经典"翻拍与改编的热潮,这无疑催生了一大批优秀作品,为"红色经典"生命再造提供了许多新鲜经验,也给予我们一个非常重要的启示:那就是再造者必须深刻体认"红色经典"的精髓,正确把握"红色经典"的改编尺度和艺术规律,才能收到预期的艺术效果。由于"红色经典"在中国人民心目中具有崇高的地位,这类作品极高的社会知名度和巨大影响力无形中增大了再造的难度,给创作者改编和再创造提出了更高要求。因此,无论是"红色经典"的改编,还是再创造,都应该把握以下几个原则,才能赋予其更加强大持久的生命力。

其一是尊重历史。"红色经典"产生于大别山区人民致力于新民主主义革命和社会主义建设初期这一重要历史时期,记载和反映了大别山人民浴血拼搏与艰苦创业的奋斗历史。作为历史文本,它写满了岁月的沧桑,浸透着时代的血泪,负载着丰厚的历史内容。对于这些经典作品,再造者需要认真揣摩,深刻体认,努力在宏观上和整体上把握它们的思想内涵和精神特征。"红色经典"是中国革命形象化的历史,是中国人民伟大革命斗

第五章 推进大别山红色基因代代传工程建设的对策措施

争的艺术化结晶,从本质上讲,它们是用无数革命先烈的"青春血液"浇灌出来的红色花朵。这些革命的文艺之花,浸染着革命英雄主义的绚丽色彩,散发着乐观向上、积极进取的芬芳气息。这些花朵所包裹的,是革命先辈为缔造理想社会制度而创造的丰功伟绩,是令人景仰和敬佩的革命英雄主义。这些崇高的革命理想主义追求,舍生忘死的爱国主义精神,大公无私的集体主义品德,一往无前的英雄主义气概,一同构成了共和国的历史,同时也成为这类作品感人肺腑、动人心魄的"灵魂"。尊重历史,这是"红色经典"再造中首先要把握的尺度,"红色经典"是中国革命历史的诗性积淀,是植根于中国现代民族民主革命斗争沃土上的文艺奇葩。它作为解读中国现代革命史的一把钥匙,作家们在以任何一种形式二次创作时,应当明确这把钥匙的功能并正确地使用它,努力以新的艺术形式生动形象地再现:我国的社会主义革命是中国近现代社会发展的必然选择,是解救被"三座大山"压迫的中国人民走上翻身之路的必然选择,是当时历史环境下推动社会前进与造福人类的必然选择。尊重历史,应当在再造中历史唯物主义地再现"红色经典"的主旨,将这些作品置于当时的历史情境中,从对那段革命历史的深刻感悟中全面认识和理解它们的思想精髓和丰厚蕴涵,艺术化地反映革命斗争的某些本质方面。尊重历史,就应当如实地表现中国人民反抗压迫追求解放的革命斗争,弘扬中华民族不屈不挠、自强不息的伟大精神,歌颂革命烈士为了理想英勇献身的高尚品质。只有对革命历史有了更深刻的理解和认识,经过再造的"红色经典"才能具有巨大的历史穿透力,从而在精神意义上保持"红色经典"的原汁原味,在新的层面上生动展示其本身所附着的厚重历史感。

其二是尊重原著。作品改编的基本依据就是原著本身,也就是说,在将"红色经典"再造的过程中,除了根据不同艺术形式的艺术特点进行必要的艺术转换和处理外,新作品应当忠实地传达原著的灵魂,新作在主题思想、价值取向、主要人物等方面应当同原著基本保持一致。"红色经典"讲述的是过去的故事,作为历史文本,身上浸染着浓重的时代色彩,具有鲜明的时代特征。创作者在"红色经典"的再造中尊重原著,就是要尊重其所诞生的那个时代,尊重那个时代的价值观念、思想情感和人物特征。只有尊重原作的基本精神,才能成功地实现"红色经典"的生命再造。

其三是尊重受众。"红色经典"再造所面对的不仅仅是经典作品本身,还要面对其在广大受众中留下的深刻印象。在"红色经典"长期创作和传播过程中,融进了几代中国人的思想观念和道德情感,浸透了几代中国人的信仰追求和人生理想,凝聚了几代中国人的壮志豪情和生活记忆,是一个共同参与的、全民族集体性审美创造。"红色经典"作为一种精神遗产,已经成为中华民族优秀文化传统的重要组成部分,这些作品同中国人民远大的革命理想和高尚的伦理道德紧密联系在一起,成为他们内心深处最宝贵的记忆珍藏。这些作品中的英雄人物,已经成为一种特定的文化符号,这些作品和作品中的人物以自己特有的文化内涵化作了我们民族的集体记忆。尊重受众就要尊重受众的审美体验,尊重那个时代给受众内心深处留下的这份纯真情感,尊重受众对"红色经典"已经形成的固有的审美期待,再造要获得成功,得到广大受众的认可,就应当珍视人民的这份纯洁记忆,敬重他们内心的真挚情感,为他们守护住这块圣洁的净土,以优秀的二度创作来回报他们心灵深处这份永恒的爱。

六、打造红色旅游品牌

开展红色旅游,对推进红色基因传承、振兴革命老区经济、建设美丽乡村具有重要的时代意义和现实意义。红色文化资源是红色文化传承中可以作为要素投入,转化为产出的生产要素。从中央到地方都对大别山革命老区的红色文化资源开发给予了大力支持和高度重视,将大别山红色旅游区确定为12个国家重点红色旅游区之一。

近年来,鄂豫皖三省都秉承红色大别山、生态大别山的理念,推行了多项旅游政策措施,打通了河南新县与湖北黄冈、安徽岳西和金寨等地的跨区域红色旅游通道,打造了一批红色遗迹、绿色生态、古色民俗协作互补、共同发展的经典旅游景区,形成了大别山旅游一体化格局。同时,我们应当看到,同其他国家重点红色旅游区相比,大别山红色旅游区的知名度还不高、品牌还不响、吸引力还不强,与大别山厚重的历史地位、优越的自然条件还不相称。其原因是多方面的。一是基础设施建设相对落后。大别山区旅游资源分布较广、较散,多处在交通较为闭塞的乡村或城乡接合部,交通不够便利是制约大别山旅游业发展的最主要因素。近年来,虽然进出大别山区的高速公路建设取得了巨大成绩,但是区内公路交通发展滞后,旅游线路路面破损严重,年久失修,很多路段坡陡、弯多、路窄,70%的景区旅游大巴车难以直接抵达。大部分景区都是在原有一些林场、遗迹遗址、文物保护单位基础上建立起来的,配套设施相对落后,还不能较好满足游客的需求。二是资源开发不足。大别山区虽然拥有众多品位高、互补性强的旅游资源,但是不论是红色旅游资源还是绿色生态资源,因为前期规划、建设、运营等各方面原因,旅游资源的开发还停留在最简单的自然风光的欣赏和辅以文字图片的红色文化观看层次,游客体验性不强、参与度不高,缺乏核心旅游吸引物,缺乏能够引领大别山区旅游高速发展的强势品牌,远没有成为国内外八方游客和知名旅行社热捧的对象。三是旅游管理体制不顺。由于大别山旅游行政管理体制条块分割,一个风景区要同时接受城建、宗教、文物、林业、水利等多个部门管理,往往政出多门,制约了大别山红色旅游业的发展。此外,大别山区范围较大,有时一个景区可能分布于不同的县区市,红色旅游资源开发往各自为政。如何搞好跨部门、跨区域的旅游管理,是大别山红色旅游发展的现实问题。四是旅游营销力度不够。旅游宣传是实现旅游价值的重要手段。近年来,各地围绕大别山做了大量的旅游宣传促销工作,但远远不够。比如,在中央电视台的形象旅游宣传也只是短时间的;一些可以做成地区旅游宣传名片的旅游节庆活动,如茶叶节、板栗节等等所取得的宣传效果也不明显;生态旅游节宣传没能延续。其他包括户外广告宣传、网络宣传、媒体广告宣传等都还处于初步阶段,收效甚微。综观这些宣传促销活动,总体感觉是投入不足,创新不够,形象不鲜明。为此,打造闻名全国具有鲜明大别山特色的旅游品牌是加快大别山红色基因资源建设的重要方面。

要以习近平主席视察鄂豫皖重要讲话精神为指导,理清打造红色旅游品牌思路。以习近平主席作出的"鄂豫皖苏区根据地是我们党的重要建党基地"重要论断和"大别山精神是我们党的宝贵精神财富"重要论述为依据,以大力推进大别山红色基因代代传为指归,坚持文化带动、旅游拉动,找准打造大别山红色旅游品牌的突破口和制高点;要把大别山区域特有的生态文化、民俗文化与红色文化等有机结合起来,三省一体化顶层设计,凝练历史与时代相融合的红色旅游新主题,增强大别山红色旅游的时代性和吸引力。

要加快旅游基础设施建设,提高红色景区服务等级。加快推进大别山区高等级公路建设,改造旅游干线公路,提升旅游景区连线公路等级,进一步提高景区通行能力。改善景区步道设施,提高景区的可入性和参观游览的安全性和舒适性。在整合广播、电视、报纸、网络等媒体基础上,构建一体化旅游资讯平台,建成布局合理、技术先进、功能齐全、邮运快捷、服务优良的通讯、物流网。

要重点建好一批旅游重镇,打造红色旅游核心区。旅游核心区是游客集散和景区发展的重要依托,应重点抓好六安市独山镇、湖北红安县七里坪镇、大悟县宣化店镇和新城镇、河南罗田县九资河镇等中心旅游乡镇建设,尽快推出红色旅游文化"拳头"产品。

湖北可重点打造红安七里坪旅游风景区。红安有雄奇的天台山国家森林公园、神秘的古兵寨九焰山等,但红安应把红色旅游资源挖掘好、运用好。红安可以以七里坪镇、天台山、香山湖为重点,联动红安县城,塑造"中国第一将军县"红色旅游主题形象,依托七里坪镇列宁市原始共产主义景观(含"中国工农革命军第四方面军指挥部""鄂豫皖特区苏维埃银行""列宁市经济合作社""列宁市苏维埃饭堂合作社""七里坪工会""鄂豫皖苏维埃政府旧址""南一门遗址""光浩门遗址"等)以及天台山、香山湖、红安县城内的其他红色景点,联动距七里坪约35公里的大悟县宣化店镇,以"七里坪学生野战军旅基地、列宁市长胜街原始共产主义景观保护与改造、香山湖——天台山风景区改造"为主要建设内容,将七里坪旅游风景区建成全国知名的爱国主义教育基地、学生野战军旅营地、休闲度假旅游目的地的,力争入选国家5A级旅游景区。

安徽可重点建设六安市独山镇。独山镇独具一格,坐落于大别山北麓、西淠河之滨,是一块集红色、古色、绿色、蓝色于一身,汇古老韵味与年轻活力于一体的多彩土地。六安市独山镇是"中国第一将军镇"、全国重点镇、第一批中国特色小镇、安徽省历史文化名镇,先后荣获"全国历史文物保护单位""省最佳旅游乡镇""安徽省红色旅游古镇""安徽省美丽宜居小镇"等荣誉称号。独山镇有 9 处国家级革命旧址群，有邓小平亲笔题字的六霍起义纪念塔，是国务院公布的首批全国 30 条"红色旅游精品线路"之一，素有"一镇十六将，独秀大别山"的美称。这里有鬼斧神工的龙井沟、有青山黄巢尖、有碧水虎头潭、有响洪店水库、有皖西第一漂、有万亩竹海、有百年古寺等。当前，应加大宣传推介力度，提高知名度，吸引八方游客。

要使红色文化与其他多文化融合，推出特色旅游文化产品。根据当地旅游资源特点，在突出红色主题的情况下，有效整合各类文化资源，将红色文化与山水文化、历史文化、民俗文化、宗教文化等有机的结合起来，让游客在参观红色场馆、聆听红色故事、学唱红色歌曲等接受革命传统教育同时，探寻文化古迹，瞻仰历史名人，品尝茗茶美食，感受区域文化底蕴。大别山区域盛产茶叶，其中六安瓜片、霍山黄芽、信阳毛尖驰名中外，要充分发挥茶马古道，茶叶种植、茶叶加工、品喝茗茶等茶文化对大别山红色文化促进作用，使茶的"绿"与文物的红交相辉映。要推出大别山游击战法体验、大别山文化精品演艺、大别山系列红色纪念产品等文化品牌，力争把大别山打造成为像"江西井冈山""延安宝塔山"同样著名的红色旅游品牌。

第三节　创新大别山红色基因代代传的方法手段

方法决定路径，手段影响效果。解决好方法手段问题不仅关乎效果，也影响成败。正如毛泽东同志所说："我们不但要提出任务，而且要解决完成任务的方法问题。我们的任务是过河，但是没有桥或没有船就不能过。不解决桥或船的问题，过河就是一句空话。不解决方法问题，任务也只是瞎说一顿。"大别山红色基因能不能工程化推进，使之传承好、发扬好，方法手段是关键。

红色文化内涵中多是历史概念因素，大别山红色基因也是历史概念因素。如何让作为历史概念红色文化与新时代相融合，在新时代得到真正意义上的传承，彰显其时代价值，这个问题具有很大挑战性。我们讨论大别山红色基因代代传承的工程问题，应避免陷入形式主义，努力做到入脑入心。目前学界都有一个共识，传承的红色文化不能是只保留在对历史中的记忆，而应赋予新时代新的内涵，让受众在感同身受过程中产生心灵共鸣。事实上，当前一些革命场馆的做法，受众群众一提到革命文化、红色文化，首先的反应便是那是久远的"过去式"，想到的是烽火连天的战争年代、无数革命先烈奋斗不屈的故事、高尚的意志品质展现，这些好像都与现实无涉。这些感受、固化的定式很容易将红色文化同当今所要求的充满新时代画面的文化割裂开来。

大别山区域形成的红色文化，沉淀的红色基因是中国共产党人政治本色的生动写照。今天观之，其意义不仅仅在于它留下了什么，曾经有过怎样的表现，记录了以往多少荣光；更在于它将要照亮着现实的途程，为未来创造什么？这需要解决用什么方法使之更好地传承下去。2018年7月,中共中央办公厅和国务院办公厅联合印发了《关于实施革命文物保护利用工程(2018—2022)年)的意见》(以下简称《意见》),《意见》指出,要"坚持展示方式与展陈内容相得益彰,适度运用现代科技手段,增强革命文物陈列展览的互动性体验性","融通多媒体资源,推进'互联网+'革命文物,对革命文物进行全景式、立体式、延伸式展示宣传,传承革命传统,弘扬革命精神","鼓励文物博物馆机构、高等学校、科研机构开展革命文物保护利用研究","加大军队系统革命文物展示利用力度,在做好安全保密工作的前提下,适时对外组织开展参观、瞻仰、纪念等活动"。这是新时代创新革命文物保护利用方法手段的基本遵循,为推进大别山红色基因代代传工程建设提供了方法论指导。

一、用好传统媒体与新兴媒体的传播手段

大别山红色基因的传承对于媒介要综合运用好传统媒介和新兴媒介。一般而言,当前红色文化传播过程中使用频率最高传播媒介主要有:口头媒体(人际传播)、影视传媒、印刷传媒、网络数字媒介等。

面对面交流口语表达的方式或许是人际传播最早出现的模式。我们获取的最原初的知识可能就是来源于这样一种口耳相传或言传身教,这种语言所传递的明确信息往往能够被重新类型化。这种口头媒体往往使我们可以变换叙述方式进行回应,尤其重要的是这一媒介特征是其他的传播媒介所不具备的。针

对这种特点,我们要特别注意红色文化传播过程中口语化的人际传播方式,大别山地区革命场馆宣传员、故事讲述人、口述历史传播者等要注意利用这种方式传承大别山红色基因,要把口述革命人物、历史事件的准确性放在第一位,同时要把情感要素融入其中,注意运用恰当的表述方式,提高口语传播的实际效果。

影视作品是当下红色文化传承的重要手段之一。革命历史题材影片是中国特有的电影类别,它与新中国共同成长,并且发展成为当今中国影视市场最有生命力的中坚力量。今天我们对红色文化的传播主要依托物质形态的历史资源,如各类名人故居、纪念馆等。为了减少红色资源被消耗,要努力找寻红色文化资源中可再生的部分。革命人物就是固态的红色文化资源内涵的灵魂,也就是"活"的成分。我们要转变观念,不能把红色文化载体仅仅指向放在博物馆中的历史资源,可以拍摄一批以革命历史人物、历史事件为主题的红色经典影视,提高红色基因传承的可视性、形象化、艺术化和受众面。电视剧《亮剑》就是推进大别山红色基因传承的经典影视,该剧主人翁李云龙的原型就是从大别山走出来的王近山将军。该片采用重现历史场景,运用现代信息技术手段使受众身临其境,受众在欣赏、体悟过程中对大别山革命先烈产生浓厚的崇敬,进而激发强烈的爱国主义精神。2017年,《战狼 2》的票房创下新高,也让中国人"燃"了起来,该部电影彰显了巨大的影响力。影片讲述了当代故事,以中国在非洲的撤侨行动为背景,展现了中国军人为维护国家利益、海外华人的生命财产安全现时代威武之师、文明之师良好形象,凸显了中国军人担负的历史使命,能打仗、打胜仗的能力与决心。以艺术手法塑造永不放弃、刚毅果敢的新时代军人形象,中国军人特有的精气神让数亿国人深刻感受到。虽然整个影片没有口号呼喊与赞扬,但观影后让亿万观众掀起了一场强烈的爱国主义的风暴。该电影故事虽然描述的是当代,但传递的人民军队为人民的意志品质,爱国主义家国情怀,这些都与革命战争年代沉淀的红色基因相关联。这就是生动的、活着的红色文化。

互联网在人们的学习和生活中发挥着越来越重要的作用,是现在最重要的新兴媒体。《中国互联网发展报告 2019》报告显示,截至 2019 年 6 月,"中国网民规模为 8.54 亿人,网站数量 518 万个,互联网普及率达 61.2%。报告指出,随着网络音乐、网络直播、网络教育等互联网应用进一步蓬勃发展,网络环境下,个性化的、高质量内容不断涌现,以抖音短视频、视频博客(Vlog)等新型娱乐呈现形式不断推出,优质的教育文化资源被越来越多的群众共享"[①]。报告指出,截至 2019 年 6 月,"网络音乐、网络直播、网络视频等用户规模半年增长均超过 3000 万人,在线教育用户半年增长率为 15.5%,规模达 2.32 亿人"[②]。这是一个巨大数字,网络快速发展极大满足了人民群众的教育文化娱乐需求。网上阅读已经成为大众特别是青少年获取知识信息

---

① 吴为:《中国互联网发展报告 2019》,《新京报》,2019 年 10 月 20 日。
② 吴为:《中国互联网发展报告 2019》,《新京报》,2019 年 10 月 20 日。

的重要方式。因此,利用好互联网媒体是新时代拓展红色基因传承的最重要渠道。要大力推进"互联网+"革命场馆、革命文物建设,对革命场馆、革命文物进行全景式、立体式、延伸式展示展示;要创建"大别山红色基因代代传"专题网站和网上军史馆(荣誉室),开发红色游戏,开设红色博客;要把大别山经典红色故事、红色景点拍成鲜活生动的短视频等网络作品,通过微信、抖音、QQ、快手等网络工具传播出去,使大别山红色基因传承不断走进群众日常生活。

  积极运用动漫、游戏艺术传播大别山红色文化。近年来,动漫产业在我国文化事业中异常火热,受到广大群众尤其是青少年的热捧。动漫本身不仅是文化传播的媒介,也是一种艺术形式。"动漫"涵盖了漫画、动画、电子游戏,早已超越了单纯的动画与漫画。动漫在不同的语境中有不同的意思,它包括动漫产品、动漫艺术、动漫技术、动漫产业等多重含义。当前,文化产业经济突飞猛进,整合红色文化资源利用动漫形式发展红色文化产业成为时代机遇,应使其成为红色文化传播的主渠道之一。目前,儿童和青少年对动漫作品尤其喜爱,可以充分开发具有红色文化元素的动漫作品,作品以大别山红色故事为背景,在总体风格设计、场景设置、人物造型、语言表达等方面,做到既符合动漫传播的规律,又让青少年喜欢上红色动漫,做到娱乐与教育相结合,更有吸引力。游戏也是传播大别山红色文化的好手段。在游戏中将大别山红色基因有机植入,让红色元素内嵌在动漫电子游戏。要做到这一点,需要对鄂豫皖大别山红色革命事件进行游戏开发设计,根据需要将一些物质性红色文化遗产高度地仿真、还原,如将革命遗址、旧址等植入游戏场景之中,配以适当的文字性内容进行补充介绍,让游戏玩家在娱乐中了解该红色文化故事。当前,高清晰的视像呈现技术和三维制作已经成熟,要实现这样的创意已不是件困难的事。目前需要深入思考的是如何赢得年轻人的喜爱把大别山红色基因的本质内涵通过游戏体现出来,如何构建动漫游戏产业链,实现社会效益和经济效益双增长,助力大别山革命老区经济文化发展。

利用现代科学技术让大别山文物"动"起来。虚拟现实技术、3D技术、多媒体技术、多维立体扫描技术、全息投影技术等,可以让文物"动"起来、"活"起来,从而最大可能地释放文物信息,实现观众与文物的互动。随着移动技术带来的新变革,打造各具特色的数字博物馆和智慧博物馆将成为新的趋势。基于移动终端的移动馆藏推送服务、社交网站互动推介,基于二维码等技术的数字导览服务等,将使我们对革命文物认知的方式发生重大变革。如武汉革命博物馆推出的"AR物联博物馆",用实景物联方案建设超级链接的革命历史文化场馆,以内容情节重塑传统观览体验。它的首个体验项目是名为"请回答1927"的主题线路游。其内容情节基于革命真实历史形成第一人称的体验脚本,用地理信息技术、现实增强技术、智能硬件技术等手段,将实景线路与互动内容一体封装,使游客仿佛置身于历史的某个瞬间,与历史人物事件接触互动,其吸引力和感染力不言而喻。目前,90、00后青年群体是红色基因传承的受众主体,他们普遍对事物的敏感、感知快,但经验单一,若没有有效的传播手段,片面强调灌输可能会引起他们的抵触。创新大别山红色基因代代传的方法手段,可以借鉴武汉革命博物馆的有益经验,研发体验互动式红色旅游产品,坚持趣味性与严肃性相结合,将红色基因的"人、物、馆、魂"等元素有机地渗透、融合进去,让受众在参与中体验,在体验中好玩,在好玩中感知,在感知中接受。我们欣喜看到,大别山区一些大型纪念场馆正融通多媒体资源,推进"互联网+革命文物",对革命文物进行全景式、立体式、延伸式展示宣传。这是一个很好的尝试,需要继续走深走实。

二、构建红色资源一体化整合平台

大别山地区横跨鄂豫皖3省6市,地域广阔,红色资源非常丰富。湖北红安、安徽金寨是全国著名的革命老区,分别是全国第一、第二将军县,革命遗址、遗迹遍布全县城乡。据不完全统计,安徽金寨县内现有国家、省、市、县四级重点革命文物保护单位172处、216个点。鄂豫皖首府——河南新县境内拥有国家级革命历史文物保护单位7处,省级12处,市级7处,县级61处,革命历史遗迹和纪念地200多处。大别山区域内有些红色资源横跨不同的省市县区,分布较为分散,加之区域内的各级党委政府对众多的红色资源缺乏统筹、整合、管理,还存在着对大别山红色资源挖掘不够、整合不够、利用率不高等问题。如果大别山区域内各省市县区各行其是或者盲目联合,就更容易造成大别山红色资源开发利用的混乱无序,加剧大别山红色资源利用市场的恶性竞争。鉴于此,我们认为,迫切需要构建大别山一体化红色资源整合平台,才能挖掘好、管理好、利用好、传承好大别山红色基因。

从经济学的角度来看,红色文化资源的集中利用可以显著提高其自身的利用率和转化率,能够使红色资源发挥最大化的效用。习近平主席在党的十九大报告中强调指出:"党政军民学,东西南北中,党是领导一切的。"因此,构建大别山红色资源一体化整合平台,也必须坚持党的领导,充分发挥政府的主体作用。现阶段,应构建鄂豫皖三省省委(市委、县委)统一领导、政府牵头负责、大别山驻军参与的大别山红色资源一体化整合平台,统筹组织大别山革命遗址遗迹和文物的发掘、登记和整合,加快大别山同质红色资源的合并、开发、利用,借鉴近年来"中国安徽·金寨红色基因库"建设的经验做法,尽早建成大别山红色基因库,为建成中华民族文化基因库作出大别山革命老区的特别贡献。

各级党委政府要从战略全局上加强统筹,深度整合大别山红色资源。建立一体化资源整合平台,就是运用平台的整合力量,把小而散、横跨不同省市区的红色资源按照在"精"而不在"多"的原则,以是否具有重大历史价值和是否具有社会经济效益为标准,对大别山地区的革命遗址和遗产进行评估和分类。大别山多数地区属于革命老区,社会经济欠发达,并没有大量资金对区域内所有的红色资源都进行高规格的管理和开发,应深入调查红色资源保护、开发利用现状,摸清红色资源类型、等级和空间分布情况,统筹规划,整合资源,为大别山红色基因传承及现实利用打下良好基础。

大别山红色资源一体化整合平台建设要把"挖掘好"红色资源、"研究好"红色历史、"编纂好"红色书籍、"讲述好"红色故事、"传播好"红色声音、"开展好"红色教育、"展示好"红色文化、"宣传好"红色精神、"传承好"红色基因、"谱写好"红色新篇等十个方面作为典型目标[①]。真正把传承红色基因、弘扬老区精神,凝聚人心智慧、形成发展合力,作为大别山域内各级党委政府搞好红色资源利用、推进红色基因传承的重点工作,切实担负起历史赋于老区的重任,让"鄂豫皖苏区根据地是我们党的重要建党基地"、"大别山精神是我们党的重要宝贵精神财富"焕发出时代的光芒,为振兴大别山革命老区提供源源不断的精神动力。

三、发挥红色文化教研机构效益

当前,大别山区域成立了多家大别山红色文化、大别山红色资源、大别山精神等专门化教学研究机构。在大别山腹地,建有大别山干部学院和金寨干部学院,它们是在全国有较大影响力的干部教育培训基地。大别山干部学院位于鄂豫皖苏区首府所在地——河南省新县,2013年9月,经河南省编办批准成立,是河南省委组织部重点建设的三所干部学院之一。2019年4月大

---

① 胡遵远,张青松等:《传承红色基因夯实发展基础——关于做好红色基因传承工作的几点思考》,《文化月刊》(下旬刊),2016年第12期。

别山干部学院进入中央组织部备案的全国 64 家党性教育基地目录。该学院面向全国党员干部开展理想信念教育、革命传统教育和党史党风党纪教育,致力于建设"四基地一中心",即全国一流的地方党性教育示范基地、大别山精神研究基地、中部地区农村基层党建研究基地、习近平新时代中国特色社会主义思想实践创新基地和大别山红色资源利用研究中心。从 2013 年建院至 2020 年底,学院累计承接各级各类培训班 4400 多期,培训学员 25 万余人次。学员来自中组部、中央党校(国家行政学院)、国务院办公厅、公安部、教育部等 60 家中直单位和全国 30 个省、自治区、直辖市。

金寨干部学院地处鄂豫皖革命根据地的核心区,也是解放战争时期刘邓大军千里跃进大别山的前方指挥部所在地。安徽金寨是中国革命的重要策源地、人民军队的重要发源地。2020 年 4 月,经中共安徽省委编委批复同意,安徽金寨干部学院为六安市委直属正处级事业单位。该院着力打造"全省一流、全国知名"的干部教育培训基地。近年来,该学院依托大别山革命老区红色资源,探索建立"课堂引领+现场启迪+体验感悟"的党性教育教学模式,先后开发了《鄂豫皖革命根据地的光辉历程》《大别山精神及其当代价值》《用红色基因筑牢忠诚品格》《信仰的力量——金寨革命启示录》《蒋光慈革命文学及其时代价值》等特色讲座 26 个;依托红色遗存,精心打造金寨县烈士陵园、汤家汇红色小镇、红二十五军军政机构旧址、红二十八军重建地等现场教学点 48 处,构建"理想信念""使命担当""一心为民""牺牲奉献""榜样引领"五大教学模块,采取现场讲解、专题点评等方式,让学员置身实地实景,接受心灵洗礼。近 5 年,学院累计培训党员干部 17 万人次,已成为立足安徽、面向全国,以弘扬大别山精神、开展党性党风党纪教育为主题的知名教研机构,是安徽省委组织部重点打造的"三学院两基地"之一,是中组部 64 个重要党性教育基地之一,是中央党校(国家行政学院)、国防大学、中国浦东干部学院、公安部、人社部、团中央等 49 家单位的教学实践基地。

要充分利用好这两所干部学院的资源,发挥其在弘扬红色传统、传承大别山红色基因中的重要作用。要注重协调地方党委政府,建设好红色场馆,用一块事迹板、一张老照片、一件旧大衣等历史物证来育人,能直接触及人的内心深处,使那些陈列主题展馆的"大别山精神"不会因为时光流逝逐渐被遗忘,反而在人类历史进程中酿出醇馥幽郁的酒香,被后人世代传承。要进一步凝练这两所大别山干部学院的办学特色,强化弘扬传统、坚定信念、锤炼作风、增强党性、传承红色基因的培训思路,打造有大别山特色的教学体系;构建以河南新县、安徽金寨为中心,横跨大别山各个地区,纵揽大别山各个革命历史时期的教学资源体系;进一步创新教学形式方法,推开现地实践教学、体验式教学、"大别山红旗不倒"访谈式教学、"红色足迹"体验式教学、"真实的记忆、真切的感动"红色故事会、"体农时、知农情、干农活、进农家"体察式教学等多种教学形式,配合声、光、电等多媒体手段,让历史与现实相通,多角度、多层面演绎大别山革命史,让学员真懂、真信、真用，入眼、入耳、入脑、入心，使大别山革命传统在潜移默化中不断传承；要实行市场化开放办学，突出学员的主体作用，打造精品课程，确保教学质量。

要发挥安徽金寨干部学院特色课程的牵引作用。进一步打造《鄂豫皖革命根据地的光辉历程》《传承红色基因 不忘初心使命》《学习先辈高贵品格，做新时代的好干部》《曲折 忠贞 挚手 初心——从红色基因中汲取党性修养的力量》《传承红色基因 坚守忠诚品格》《大别山精神及其时代价值》《红色家风，永励后人》《光荣的历程，不朽的丰碑》《信仰的力量》等理论教学精品专题；丰富实践教学的五大板块：一是理想信念，《缅怀先烈不忘初心》，教学地点为红军墓园；《商南起义成功之信仰的力量》，教学地点为丁家埠大王庙；二是使命担当，《一定要把淮河修好》，教学地点为梅山水库大坝；《红色葛藤山 勇把使命担》，教学地点为南溪葛藤山公安烈士墓；三是一心为民，《让老区人民过上好日子》，教学地点为花石乡大湾村；《忠诚的老班长李开文》，教学地点为李开文故居；四是忠诚奉献，《金寨革命历史启示录》，教学地点为金寨县革命博物馆；《红25军的光辉历程》，教学地点为红25军军部旧址；五是榜样引领，《一个共产党员的样子——全国植树造林模范李正恩》，教学地点为马鬃岭林场；《借力西茶谷，铸就富裕梦》，教学地点为西茶谷。目前，最重要的是要让这些理论教学精品板块和特色教学实践板块发挥集成效益，走向全国，形成声势，铸就名牌，在传承大别山红色基因中发挥重要作用。

四、创建专门化研究机构

近年来,大别山区域内军地相继成立了多家专门研究红色文化的研究机构。在安徽,成立了安徽红色文化研究中心;在河南,信阳师范学院成立大别山红色资源与文化发展研究院;在湖北,黄冈师范学院成立大别山红色文化研究中心等。陆军炮兵防空兵学院成立了大别山红色文化研究所。近年来,这些大别山红色文化专门研究机构,撰写了不少关于大别山精神的学术研究文章,出版了一些研究大别山精神研究的书籍。陆军炮兵防空兵学院大别山红色文化研究所还率先在全国组织了大别山红色论坛,人民网、新华网等给予了报道,形成了一定的影响力,为推进大别山红色基因赓续传承打下了良好基础。但从总体上来看,这些研究机构大多都是些非编单位,都是各单位研究红色文化的兴趣爱好者组成的,主业主责不是开展大别山红色基因的研究,一定程度上制约了大别山红色基因代代传工程建设的质量效益,迫切需要创建专门化的研究机构,全面深入研究大别山红色基因代代传工程建设的一系列问题。

可考虑成立以鄂豫皖一省牵头协调、年度轮流主持、当地驻军参与的大别山红色基因代代传工程建设专门研究机构,依托大别山两所干部学院、信阳师范学院、黄冈师范学院、陆军炮兵防空兵学院、空军工程大学机务士官学校等实体,在建好基本队伍、抓好基本教育、落实基本制度、完善基本设施上下功夫,把专门研究机构建成立足当地、面向全国,开展革命传统教育、理想信念教育、党的群众路线教育、党史学习教育的党性教育培训基地。要把培训重点放在国家党政、军政领导干部、组织人事干部、企业高级管理干部、共青团干部和青少年上,突出用大别山红色基因这个富矿开展党员干部的党性教育,激发其投身大别山老区新时代建设,扛起新时代党和人民赋予大别山这块红色革命圣地新的历史使命和伟大担当。

实施大别山红色文化研究培育工程。要发动鄂豫皖境内高校所属的马克思主义学院、党校(行政学院)、社会主义学院、红色文化研究会等机构广泛参与,开展好大别山革命史料、红色名人故事、珍贵文物、图片声像、革命遗迹资料征集整理等,创作大别山红色文化作品,打造升级版的大别山红色文化智库。要建立大别山红色文化专家库,通过聘请国内外专家学者,通过调研、授课、申报课题、召开年度研讨会等形式对大别山红色基因代代传工程建设进行多角度、全方位、立体化探索,力争形成权威、高质量的研究成果。

第四节　构建大别山红色基因代代传的机制体制

大别山红色基因代代传工程建设作为一项系统的育人工程,需要持之以恒、久久为功。良好规范的制度设计,是传承红色基因工程有效推进的有力保障,是取得长期效果的前提和基础。这就需要建立健全规范可行的制度机制,以保证红色基因传承中各个环节有例可依,有章可循,继而推动其顺利实施和有效开展。推进大别山红色基因代代传工程建设又是一项紧迫重要的工程,需要顶层设计、三省联合、统筹规划、军地合作,形成合力、整体推进。这方面,人民军队在传承红色基因方面走在了前列。2018年6月,中央军委颁布了《传承红色基因实施纲要》,规定了传承红色基因的指导思想、基本原则、着力点和主要工作,以文件形式予以规范和明确,在制度建设层面上率先作出了垂范。这为大别山区域提供了很好的借鉴。

一、统筹领导机制

大别山的红色文化建设没有达到应有规模、旅游品牌推介没有完全走出大山、红色基因的传承没有达到应有的效益,重要的制约因素是大别山处于三省交界区,红色基因传承没有形成统一领导机制。实施军地统筹、打破鄂豫皖行政区域分割,建立大别山区域以红色基因传承为核心、打造红色旅游一体化的领导机制尤为迫切。

建立领导机制,解决好大别山红色基因代代传工程建设由谁统筹的问题。只有建立健全领导机制,进行有力领导和有效组织,才能解决好红色基因传承建设的顶层设计安排。2012年,大别山革命老区鄂豫皖三省政协主席联席会议机制正式建立。截至2020年9月,政协主席联席会议已召开9次,三地政协群策群力为老区发展和老区人民做好事、办实事。鄂豫皖三省政协携手建立主席联席会议协商机制、持续9年聚焦加快老区发展,

第五章 推进大别山红色基因代代传工程建设的对策措施

利用联席会议平台,集三地政协之智,谋协同发展之策,共同促进老区振兴。政协主席联席会议机制对加强大别山精神的研究宣传,深度挖掘思想内涵和时代价值,把其转化为促进老区高质量发展的强大力量发挥了重要作用。

鄂豫皖三省政协主席联席会议协商机制,是协商性的,需要建立鄂豫皖三省省委、省人民政府、驻军主要领导参加的统筹领导机制。建议鄂豫皖三省协调成立专门领导小组与管理机构,出台相关意见措施,各级都要建立相关指导委员会和领导小组,健全横向相联、纵向贯通的指导网络。驻大别山各部队、军队院校在推进红色基因代代传建设上虽然都行动起来了,但多是自发性的。建议在全军"红色基因代代传"工程建设统一部署下,由陆军宣传部门牵头成立协调工作组,确定工程建设发展规划,整合现有资源优势,搞好顶层设计,统一建设标准,各单位政治工作部门成立相应工作组,归口指导管理,明确职责,使工程建设成为各单位相关业务部门的重要职能。要出台相关指导文件,逐渐形成大别山红色基因代代传工程建设的有力格局,减少目前建设中的盲目性和随意性。要经常性组织召开军地主管领导参加的大别山红色基因代代传工程建设会议,协调解决各种矛盾问题,统筹各项工作。例如,2020年11月16日,由湖北省委党史研究室、黄冈市委、黄冈师范学院、湖北省中共党史学会联合主办的"大别山精神的内涵与当代价值"学术研讨会在黄冈师范学院举行。来自北京、湖北、河南、安徽、江西、甘肃、陕西等省市党史、党校、高校、社科、文博系统的专家学者120余人参加研讨会。会上倡议,湖北、河南、安徽三省党史部门要深化合作,完善和巩固三省合作机制,打造大别山精神研究平台,加强联动,整合资源,建立专家库,形成研究合力。要统筹谋划,分工协作,把大别山红色基因研究好、提炼好,推动尽快形成大别山红色基因科学、精准、规范的文本表述。这类学术研讨会每年度都要召开,对当前还没有形成统一领导机构情况下,对解决困难、协调节奏、确立重点方向等具有重要意义。

二、协作开发机制

大别山地区各地对红色基因代代传工程建设、红色资源开发非常重视,但区域内工程整体建设系统性不够、缺乏协调,导致重复建设、低端徘徊、合力不显、资源开发无序、利用率不高、综合效益不彰。建立跨部门协作机制,会同宣传部、党史研究室、教育厅、文化和旅游厅等部门,强化对红色旅游区、红色教育基地等大别山地区红色文化资源的日常管理。

为此,建议整合大别山区域军地三省所有的红色文化研究机构,成立"大别山红色基因代代传协同研究中心",统一协调各方面关系,形成传承红色基因研究的合力,使研究成果与建设开发无缝对接。研究中心受传承工程领导小组管理,秘书处可以挂设在军地高校或省、军级以上单位宣传教育部门,定期召开联席会议或者协调会,研究部署传承红色基因的理论研究与开发工作,统筹力量在文物文献整理、研究方向、资源开发、成果转化等用力。

驻大别山部队各单位,应构建横向协作机制。合肥、武汉、信阳等地军校多,大别山驻地部队多、军种多样,各单位对干部、战士、学员进行大别山红色基因传承、教育都形成了常态化工作,工作开展取得较大效果。由于大别山红色基因内涵没有科学统一,在传承教育内容上各单位有差异,红色资源的挖掘研究、开发利用有重复,红色基因传承重点不突出,传承教育方法不规范。建议构建协作开发机制,与地方相关机制协作,突出部队特色,成立协作研究中心,建立常设机构,办公室可挂靠在部队高校。定期召开协调会,绘好部队官兵大别山"红色基因代代传"建设的顶层设计图,充分利用地方资源,突出重点建设内容,构建资源共享、集体公关机制,实施教育内容体系化、教育过程规范化,做好红色基因传承的军事篇。

依据国家相关红色文化遗产保护和传承的法律法规,切实保护好大别山区域丰富的红色资源遗址、史物,三省协调联合建立完善大别山红色资源普查登记抢救制度。当前亟需解决的是建立完善具体指导文件制度。比如:如何促使红色文化可持续生态发展;对红色文化历史资料的论证及相关文物的保护整理;红色文化教育基地建设布局;相关区域建立革命英烈公祭制度等。

应积极探索"互联网+"背景下面向市场深度开发大别山红色资源,构建红色文化管理机制和红色文化产品经营机制,建设若干个大别山红色文化产业基地和红色文化产业群,把生态文化、红色文化和区域文化相结合,融合形成红绿相应、古俗相称、农工相和等多元素市场业态,同时发动优质社会力量积极参与,利用好民间资本,创建市场机制引导、信息化特征鲜明的大别山红色文化产业链。

三、制度保障机制

美国学者塞缪尔·P·亨廷顿在《变革社会中的政治制度》一书中认为:制度就是稳定的、受到尊重的和不断重现的行为模式。"制度化是组织和群体的社会生活从不固定的、特殊的方式向被普遍认可的固定化模式的转化过程。制度化是组织与群体发展和成熟过程的指标,也是整个社会生活有序化、规范化的变迁过程"。[①] 制度往往带有根本性、全局性、稳定性和长期性。推进大别山红色基因代代传工程建设过程中,建章立制是首要环节,也是基本保障。日常生活中,理想信念教育、红色基因传承的常态化,都靠制度化、法治化来保障。大别山红色基因代代传工程建设是一项任务艰巨的系统工程,需要建立完善的制度机制,使该项工程建设走深走实。

在国家层面,制定专门的法律法规,国家领导人在特定的日子特定的场所举行隆重的仪式,向全社会不断强化对革命先烈的缅怀哀思和崇敬之情;要让组织学生等青少年参观革命博物馆、瞻仰红色旧居旧址,确保红色教育活动规范化、常态化;要让

---

① 程竹汝:《论现代司法的政治制度化功能》,《政治学研究》,2002年第02期,第52~63页。

党员干部定期到金寨干部学院和大别山干部学院轮训,使党性修养教育常态化、规范化、制度化;要让全社会都参与传播大别山精神,使宣传弘扬大别山革命英烈先进事迹制度化、规范化,在全社会营造学习研究大别山精神传统、赓续传承大别山血脉、做红军传人的红色氛围。只有把各项制度规范落到实处,强化对红色基因的知情意认同,大别山红色基因就能代代相传。

工程建设要制度化。军地融合做好红色资源的保护,不仅是防止红色资源自然损耗的需要,更是传承红色基因的现实需要。在开发中保护,在保护中开发,使之革命价值、历史价值、审美价值、社会教育价值和经济价值彰显。参照国家文物相关法律,按照"保护为主、抢救第一、合理利用、加强管理"的文物工作方针,制订和完善大别山红色资源保护利用、红色基因传承方面的规章制度,使红色文化保护利用真正做到有章可循,有法可依。要尽快制订红色资源保护利用的总体规划,研究制订大别山红色基因代代传工程建设的顶层设计,细化分解并形成制度化,明确各单位职责分工与时间节点,使整个工作有序推进。要规范研究机构设置,打造大别山红色基因代代传工程建设的专业化队伍,力争有专门人员编制。

红色教育要制度化。要把大别山红色基因教育应纳入各单位、各院校、各部队的经常性政治教育之中。官兵入学入伍、授衔入党、野营拉练等重要节点,都要把红色基因传承融入其中。每年清明时节,大别山区域烈士纪念馆都会接待当地大批的大中小学生祭扫、凭吊,受众都会受到一次心灵洗礼。合肥、信阳等地的军队院校、基层连队,在组织野营拉练时都要组织官兵参观大别山革命遗址遗迹,瞻仰烈士陵园,在烈士就义处献花,进行革命传统教育,促进了官兵对大别山红色基因"消化吸收"。

科学管理要制度化。大别山红色基因代代传工程建设涉及党史、教育、宣传、文旅、民政、住建等多领域多部门,由于机制不全、不顺、不活,存在多头管理、职能分割的无序混乱,红色革命遗址的保护利用乱象杂生,保护和利用工作还有不充分、不平衡、不协调等问题,红色基因传承过程中也往往是站位不高、视野狭窄、单打独斗。为避免出现在的多头管理、职责不清局面,应在统一机构领导下建立统筹管理机制。应由省市县区的宣传部门牵头,细化完善认定标准及操作细则,尽快从三省省级层面进行准确界定,构建科学规范的统计登记和保护利用体系,防止红色资源"不善用"和过度开发。要摸清家底,分类保护。要在大别山区域进行一次红色资源全域性、全要素、拉网式大普查,全面梳理,规范登记,建立数据库,实施动态信息化管理。对急需抢救维护的,要立即调拨资金开展抢救保护;对可集中搬迁的,要按照当地情况进行搬迁复原并统一管理;对可电子存档的,要采用3D扫描技术进行收集并可借助网络平台向公众展示。

宣传要制度化。构建宣传大别山红色基因工程建设的长效机制,可以从三方面筹划:一是确保大别山红色基因内涵解读与宣传的正确性。这是长效宣传机制首要条件。理论只要说服人,就能掌握群众;而理论只要彻底,就能说服人。对红色基因的正确解读关乎宣传和传承红色基因的彻底性,这是对大别山红色基因代代传整个工程建设的基本要求。二是要避免传说,更要力戒戏说。首先要细致深入解读红色基因"是什么",其次是"为什么要传承",即要准确阐释大别山红色基因所蕴含的理想信念、革命精神、革命品格、革命风范和优良作风,阐释好其历史作用、时代价值,尤其要深入解读大别山"二十八年红旗不倒"传奇为什么可以成为中国共产党人的精神密码等。其次宣传红色基因常态化、定期化,在春风细雨中感受浸润。坚持节庆日的重点宣传与日常宣传相结合,搭建人们可观可感的宣传平台,节假日重点突出,日常形式灵活多样,使用参与式、接地气等游客喜闻乐见的红色宣传模式。三是指导红色宣传走专业化专门化路线。各级政府、军地高校要定期组织宣传人员进行传承红色基因方面的培训,支持和鼓励专业人才定期轮流为不同群体开设针对性地专题讲座或报告。

投入要制度化。大别山区域内的各级党委政府要建立配套的财政支持机制。要积极搭建融资平台,按照"政府主导、市场运作、社会参与"的原则积极筹措建设资金,为该工程建设提供充足的财力保障。要坚持把社会效益放在首位,各红色场馆实行向民众免费开放,较大规模参观见学时,应安排专职讲解员免费讲解。在大别山区域内各级政府网站上,应开辟传承大别山红色基因的专题板块,形成全社会学习研究传承大别山红色基因的良好风气。

四、考核评价机制

坚持把考核评价作为检验大别山红色基因传承成效的重要手段。推进大别山红色基因传承绝不能流于走马观花的形式,仅仅停留于写在纸上、挂在墙上。要构建大别山红色基因代代传工程建设的综合评价体系,即以红色基因传承建设单位为主,平行单位互评、受众反馈评价为辅的评价体系。要制定"大别山红色基因传承考核评价实施细则"等相关制度,细化各项措施、量化各项指标、钢化各项要求,让考核评价有法可依、有据可查、有责可问、有奖可施。

注重过程评估。大别山区域内的各级党组织要研究制定把大别山红色文化融入重大节日、重要仪式及"两会一课""主题党日"等活动的实施方案;各级文物保护单位及爱国主义教育基地要打造一套特色明、接地气、感染强的主题教育范式;各级各类学校要在教研实践中研究探索出一套可操作、能评估的有效机制;各文化旅游企业和社会组织要结合各自特点和实际,创新红色旅游助推大别山红色基因传承的方法路径。要注重在落实落细落小上下功夫。落实落细落小的关键在于各级党组织及各个单位要建立一套管用的监督机制,坚持用督导抓落实,及时纠偏正向确保质量,力戒"醉翁之意不在酒,在乎山水之间也"式红色旅游,力戒"嘴上说说、纸上写写"式红色主题教育,力戒"拉横幅、拍照片"式主题党日活动,力戒"现场冷冷清清、网上热火朝天"式红色研习活动,认真细致开展好每一次红色教育活动,扎实有效推进红色基因传承工程。

把推进大别山红色基因代代传工程建设纳入区域内各级党委政府的考核体系。评价的内容除了对大别山红色基因代代传工程建设的管理外,还要考虑为人民群众提供红色文化产品的丰富性,凸显社会效益与经济效益并重。考核的关键是在红色基因传承建设的过程中人民群众对红色文化消费服务的满意度与社会效益,形成动态与静态评价、内部评价与外部评价相结合,引导社会公民、每个官兵、民间组织、社会团体、新闻媒体机构通过一定的程序和途径,以正式或非正式、直接或间接的形式参与工程建设评估之中。

第五节　建强大别山红色基因代代传的骨干队伍

人才队伍在整个大别山红色基因代代传工程建设中居于支配地位,是决定工程建设成效的关键因素。当前,红色文化人才队伍建设尚处于不完善阶段,还没有形成"红色文化人才队伍建设"这个清晰概念。有的认为,国家的文化队伍建设尚不足,还不成系统,专门从事红色基因传承的专业化队伍建设还没有提到日程上来。我们认为,推进红色基因代代传工程建设已经形成国家共识,其人才队伍建设应提到重要日程上来。要转变思想观念,充分认识红色文化人才队伍在推进红色基因传承过程中的重要意义,充分发挥其在中国特色社会主义先进文化建设中的不可替代作用。要破除束缚性的体制性障碍,在人才引进、培养、激励、保障等各个方面实行特殊政策,尽快形成良好的体制机制。创新红色文化人才培养模式,围绕新时代推进红色基因代代传建设的中心任务,培养一支重实践、懂研究、会管理、善创新的大别山红色基因代代传骨干队伍。目前,应重点建设以下三类人才队伍:

一、打造熟知历史、造诣深厚的专家队伍

近年来,大别山精神和大别山红色基因传承研究取得了可喜成效,以陆军炮兵防空兵学院、安徽省社科院、信阳师范学院、黄冈师范学院等军地科研院所涌现了一批专家学者,也取得了一些成果国家级研究成果,为推进大别山红色基因代代传工程建设提供了理论指导。但总体而言,对大别山精神和大别山红色基因的研究力量不够强,能既熟悉大别山革命斗争史又有较高理论造诣的领军专家较少,特别是一些年轻学者的成长还需时日。为此,要军地合力,整合人力资源,打造一支史学功底深、研究能力强的专家队伍,为大别山红色基因的传承和弘扬提供知识体系和理论支撑。

实践证明,大别山区域内军地院校的思政课教师和鄂豫皖三省市县区从事党史研究人员是推进大别山红色基因代代传工程建设专家队伍的主体。要打造好这支传承大别山红色基因的专家队伍,就是要按照习近平主席在学校思想政治理论课教师座谈会上所提出的六个方面的要求,即:"政治要强、情怀要深、

思维要新、视野要广、自律要严、人格要正。"①目前,最紧迫是要加快提高专家队伍的政治能力、教研能力、传承能力。

坚定政治立场。传承大别山红色基因专家学者只有自己信仰坚定,对自己所讲和所研究的内容高度认同,才能讲得有底气,研究得深、研究得透,才能有效引导其他人真学、真信、真传承。要引导研究大别山红色基因的专家,善于从政治上看问题,自己要用新时代中国特色社会主义思想武装头脑,把准政治站位。在研究大别山红色基因时,尊重历史事实是第一位的,要有大别山情怀,心里装着大别山革命老区,在回望大别山厚重革命历史的实践中关注时代、关注社会,汲取养分、丰富思想。要坚决杜绝历史虚无主义,决不能借专家之名虚构和传播所谓的"历史真相",这是传承大别山红色基因应当遵循的基本准则和底线要求。

提高教研能力。2016年12月,习近平主席在全国高校思想政治工作会议上强调指出:"传道者自己首先要明道、信道。高校教师要坚持教育者先受教育,努力成为先进思想文化的传播者、党执政的坚定支持者,更好担起学生健康成长指导者和引路人的责任。"②同样,明道、信道是传承红色基因的前提,也是正确阐释红色基因的基础。传承大别山红色基因,只有深挖其精髓要义、揭示其时代价值,才会释放更大的凝聚力和感召力。从事

---

① http://www.gov.cn/xinwen/2019-03/18/content_5374831.htm.
② 《习近平在全国高校思想政治工作会议上强调:把思想政治工作贯穿教育教学全过程 开创我国高等教育事业发展新局面》,《人民日报》,2016年12月09日01版。

大别山红色基因研究的专家学者应深度挖掘大别山红色基因所承载的政治、教育、艺术等多重内涵,深刻研究阐释大别山红色基因的本质内涵,推出一批高水平的理论研究成果,释放大别山红色基因的"乘法效应",打造符合时代精神需要的思想理论成果。要组织专家学者积极开展大别山红色基因理论研究,积极申报国家、教育部和省级社科基金关于大别山红色基因研究的项目,力争尽快取得一批国家认可、学界权威的理论研究成果。

加大培训力度。可以以会代训的方式,通过召开大别山红色基因研讨会,邀请中央党史、中央文献、中央党校、三省社科院等国内专家学者对大别山历史、红色基因并结合当前形势进行深度解读和宣讲,提高专家队伍的理论思维层次,扩大其研究视野。要定期组织专家学者赴全国各大红色教育基地培训进修,与兄弟单位共同学习,共同研讨,交流互鉴,形成自觉学习大别山革命历史,用实际行动继承红色基因,传播红色文化的良好习惯,使专家队伍素质和能力得到更好的提高,大别山红色基因得到更好的继承和发扬。

二、集聚精通网络、技术高超的传播人才

红色基因传播者要学习掌握现代传播科学。现代传媒已进入互联网时代,信息传播已发生颠覆性变革,移动互联网使信息传播进入"人人都有麦克风"的时代,信息传播呈现几何裂变式的传播态势,学习现代传播科学、掌握现代传播技巧、学会现代传播语言,才能抓住传播受众的眼球。提高传播者的信息技术

能力。网言网语下的红色基因传播离不开网络技术的运用,因此传播者要保持积极学习的心态,能够娴熟地运用信息化技术,让技术为红色文化传播服务。

"互联网+"情境下,推进大别山红色基因代代传工程建设,借助信息化网络平台是必然趋势。当前,从事红色基因传承教育的传统人才较多,但既懂网络又熟悉文化传播的新型人才较少,了解、熟知大别山红色文化的综合人才更少。这就要求相关机构不断加强有关人员的业务培训,努力培养一支文化修养高、网络技术娴熟、传播理念先进、熟知大别山红色基因的传播人才队伍。

要采取得力措施,集聚红色文化网络传播人才,加强教育红色文化和业务技能培训,提高其运用微信、微博、短视频、漫画、有声书、抖音等新媒体能力,运用微言、微语、微视频对经典红色人物、红色史迹等进行网络宣传的能力,让网络成为大别山红色基因传播的重要阵地,推动大别山红色基因传承深入人心。

三、培养忠于传承、技能娴熟的基层骨干

基层骨干耳语相传、直接面对受众,他们的业务素养直接决定了红色基因传承的效果。培养大批忠于传承,有较高业务能力的基层骨干是红色基因传承工程建设的基础工作。基层骨干群体主要包括以下三类:

一是基层干部骨干。通过调研发现,大别山区域各部队在开展红色基因传承教育过程中都积累了一些好经验,一些干部

自发学习了大别山的红色文化,连队以经常性教育与专题教育相结合开展红色基因传承活动,取得良好效果。但也存在多数基层骨干对大别山红色文化学习不系统,理解不深刻,开展现实红色教育困难较多。因此,需要对基层骨干制度化系统培训,让一些有良好的理论素养、红色基因传承开展效果较好的基层骨干凸显出来。

二是讲解员骨干。讲解员现场讲解是推进大别山红色基因传承的有效方法之一。培养一批高素质专家型的讲解员是宣传大别山红色基因、发挥大别山精神教育功能的重要手段。从目前来看,大别山一些红色旅游景点的讲解员,整体素质不高,对大别山革命历史感受不深,对大别山红色基因的内涵要义把握不准,讲解技能还比较低,甚至有的讲解员把大别山红色基因庸俗化,给受众的正能量不足,必须加强对她们的培养培训。定期组织讲解员参观革命旧址、遗迹,重温入党、入团誓词,尤其在新人入馆之时,让其在潜移默化中、在润物细无声中感受到红色文化教育的独特魅力,不忘初心,增强讲解队伍的政治定力。培养知识型、专家型的讲解员队伍,必须使其认真学习领域大别山革命史,具有丰富的历史知识;必须培养他们的传道情怀,对红色讲解员事业投入真情实感,对讲解质量水平要有执着追求,向受众释放红色文化的感染力和吸引力;要培塑其仁爱情怀,对大别山的爱、对讲解内容的爱、对受众的爱,心中时刻装着受众,让红色讲解成为一门有温度、有艺术的课堂。可以打造主题演出剧目,创新讲解员的讲解形式,组织讲解员通过"说、唱、跳"等多种文艺形式,编排体现大别山老一辈革命家丰功伟绩的情景剧或故事会。既能适应了观众多元化的要求,又提高了讲解员的自身素质,体现了新时代推进大别山红色基因代代传工程建设的鲜活力和创新力。

三是志愿者队伍。大别山红色基因传承是一项需要全社会共同关心、共同参与的事业。近年来,民间文化遗产专业力量蓬勃发展,越来越多具有一定专业知识、技能的人加入志愿保护的行列。在正式讲解员数量不足的情况下,吸纳一定数量的义务讲解员、义务红色导游等志愿者是非常必要的。还可邀请革命后代、老干部、老模范、老教师、老战士、老专家等定期开展义务讲解,充实红色志愿者人才库,有效弥补专业机构编制人员较少、讲解员力量不足的缺陷,更有助于在社会民众中形成共同关心、守护红色文化遗产的有利声势。可以招聘一定数量既懂历史又有文艺特长的志愿者,让场馆讲解与表演相结合。在传统场馆讲解的基础上,结合展览内容,增加大别山革命歌曲、红色民歌、红色舞蹈和相声等艺术表演,通过表演形式使大别山红色基因融入社会教育活动,做到有的放矢,既可以增强讲解形式的新鲜感和吸引力,又寓教于乐,使受众在轻松愉悦的表演式讲解中受到熏陶和教育。

结语

传承大别山红色血脉　永做红军传人

历史经验证明,一个政党、一支军队的兴亡废存,在社会历史舞台上的生命力强弱,与其基因有着密不可分的关系。大别山红色基因从孕育到现在,中国与世界已经发生了翻天覆地的变化,然而,大别山沉积的红色基因穿越历史的云烟,历经岁月的沉淀和洗礼依然光芒四射,焕发出经久不衰的活力。习主席强调指出,"走得再远、走到再光辉的未来,也不能忘记走过的过去"。[①] 从大别山存立于世的红色基因中汲取经验智慧和精神营养,在新的历史起点上书写我党我军发展的新篇章,是时代赋予的神圣使命。

传承大别山红色基因,坚定理想信念,坚守共产党人和革命军人的精神追求。理想信念是共产党人精神上的"钙",大别山先烈先辈们"革命理想高于天"的崇高精神,他们身上所镌刻的

---

① 习近平:《在庆祝中国共产党成立95周年的讲话》,《人民日报》,2016年07月01日01版。

对信仰的矢志不移、对党的绝对忠诚，是红色基因的显著标志。传承大别山红色基因，就是要坚定信仰信念，把好信念之舵，坚定中国特色社会主义道路自信、理论自信、制度自信、文化自信，"铁心跟党走"，做到对党绝对忠诚。

传承大别山红色基因，坚定宗旨意识，弘扬我党我军优良传统和作风。与人民群众紧紧地站在一起，是我党我军最大的政治优势。大别山红色基因之所以穿越时空永不褪色，是因为饱含着人民至上、敢于担当的崇高道德情操，这是大别山永远传递正能量的红色基因。回顾大别山斗争，尽管红军的生存条件十分艰苦，但人民军队和人民群众骨肉相连。新形势下，我们党和党领导的人民军队面临各种危险和考验，传承与人民群众紧紧血肉相联的红色基因，不仅是历史的经验，更是时代的感召。

传承大别山红色基因，实现强军梦强国梦。90多年来，红色基因是决定我党我军从小到大的重要因素。如果说大别山的辉煌历程，是一部恢宏厚重的英雄史诗，那么强国强军的时代趋势，就是一幅壮丽灿烂的宏伟蓝图。大别山在革命战争的红色岁月里，酝酿出的红色基因，是强国强军的一笔巨大精神财富、一笔永不磨灭的红色资源。我们要从红色基因中汲取养分、汇聚能量，"使红色基因渗进血液、浸入心扉"，在实现强国梦强军梦的征程上，奏响强国强军的时代凯歌。

红色江山，热血铸就；红色基因，代代相传。中国共产党为什么能、马克思主义为什么行、中国特色社会主义为什么好？这些问题的答案，就蕴含在我们党的百年奋斗征程中，需要我们从党的光辉成就、艰辛历程、历史经验、优良传统中反复学习领悟。其中一个关键,就在于"红色"二字。奋进在全面建设社会主义现代化国家新征程上,用好大别山红色资源,传承好大别山红色基因,赓续大别山红色血脉,新时代中国共产党人一定能够书写新的壮美华章,铸就永不褪色的红色丰碑!

大别山地区部分军地院校和驻军推进
大别山红色基因代代传工程建设的主要做法

空军工程大学机务士官学校

坚定理想信念 熔铸精神支柱
在寻根铸魂的红色实践中锻造更多合格人才

从1987年开始,空军工程大学机务士官学校(原空军第一航空学院)连续34年组织新学员赴鄂豫皖革命老区开展传统教育和野营拉练活动,数万名学员在大别山区寻根铸魂的红色实践中坚定了理想信念、树牢了"军魂"意识,逐步成长为空军部队建设的骨干力量。34年来,该院持续不断对赓续传承大别山红色基因进行了思考、探索和创新,逐步形成了具有航院特色的教育品牌。

一、坚持用鄂豫皖革命斗争史的鲜活教材引导学员探寻"军魂"本源,深扎听党话、跟党走的思想根子

中国的革命战争之所以取得胜利,归根到底是在中国共产党的领导下得来的,是革命军民一心向着党、铁心跟着党浴血奋斗的结果。对学员进行传统教育和野营拉练的新县、红安都是著名的革命老区,革命战争年代先后有13万人英勇捐躯,走出了43位开国将军。老区军民爱党、信党、听党话、跟党走,情愿为了党的事业贡献一切甚至牺牲生命,为中国革命付出了巨大牺牲、作出了突出贡献,这是"军魂"最早的起源之一。在传统教育和野营拉练活动中,学员亲身体验鄂豫皖地区的革命斗争史,得出最重要的结论就是,军队任何时候都必须置于党的绝对领导之下。什么时候遵循了这个根本原则,部队就打胜仗,反之则会危害革命事业。这个道理从鄂豫皖地区走出的几支红军队伍中看得出来。红四方面军在张国焘的领导下,本来实力很强,然而由于张国焘思想出了问题,一度想搞"枪指挥党",使红四方面军走了弯路,付出了很多不必要的牺牲。而红二十五军在与党中央完全失去联系的情况下,十分坚决地执行了党的决定,以不足3000人马孤军长征,成为唯一一支比开始长征时人数还有增加的队伍。毛主席称赞徐海东和红二十五军"为革命立了大功"。我们讲,老区精神,魂在忠诚;天下至德,莫大于忠。学院承担为空军培养合格人才的任务,人才的合格,首先是政治上的合格;政治上的合格,首先是立场上的忠诚。我们之所以把传统

教育的基地和野营拉练的出发地设在新县,之所以把传统教育和野营拉练称为"铸魂工程",就是这个道理。

把"铸魂工程"铸成精品,前提是讲清"军魂"的本源实质,夯实学员对我军根本建军原则的历史认同。传统教育和野营拉练,是一次"寻根"之旅,探求的是党对军队绝对领导这个根本建军原则形成和发展的历程、寻找的是红军和革命武装坚决听党指挥的答案。异常惨烈的鄂豫皖革命斗争史,处处都渗透着革命志士的鲜血,是我党我军历史的重要组成部分。它真实记录了中国共产党创建和领导人民军队的过程,鲜明昭示了"我们的原则是党指挥枪"的著名论断,深刻揭示了只有中国共产党才能带领人民军队不断走向胜利的不变真理。因此,我军政治工作优良传统的第一条就是"坚持党指挥枪的根本原则和制度"。列宁曾经指出,忘记过去意味着背叛,从烈士鲜血、历史深处得出的结论,是其他任何方式都换不来的,必须常讲常提常温习。对于出生在90、00后的军校学员来说,更要作为入伍入学的第一课,要通过参观革命遗址的所见所闻、聆听先烈故事的所感所悟、重走红军路线的所思所想,把对"军魂"的高度历史认同固化下来,真正融进血脉、渗入灵魂,让它成为航院人、机务人的红色基因代代传承下去。

把"铸魂工程"铸成精品,重点是讲清"军魂"的现实意义,夯实学员对我军根本建军原则的价值认同。早在1927年,毛泽东同志在"八七"会议上就提出,"枪杆子里面出政权"。革命战争年代,"军魂"意识成为托举大别山区"二十八年红旗不倒"的力量源泉。在新时代,"军魂"同样是支撑政权和政治制度的重要保障。当前,不管是"军队非党化、非政治化"还是"军队国家化"等错误政治观点,总是被一些人描述成解决中国问题的"灵丹妙药",其实根本就是致命毒药,说到底无非就是想通过使军队脱离党的领导,瓦解党巩固执政地位的力量保证,进而推翻党的领导、颠覆我国社会主义制度。因为他们很清楚,只要人民军队的性质不变,无论谁都很难撼动我们党的执政地位。因此换一个角度说,这也凸显出党对军队绝对领导,对于捍卫党的执政地位、捍卫社会主义制度的巨大价值。面对意识形态领域尖锐复杂的斗争形势,必须从把握这个根本原则入手,把敌对势力的险恶用心讲明白、把失去"军魂"的危害讲透彻,帮助青年学员以对"军魂"的高度价值认同,头脑清醒地辨别那些似是而非的观点、旗帜鲜明地反对那些背离原则的言论,夯实绝对忠诚、绝对纯洁、绝对可靠的思想根基。

把"铸魂工程"铸成精品,关键是讲清"军魂"的实现途径,务实学员对我军根本建军原则的实践认同。在传统教育中开展"军魂"教育,必须坚持从历史中来、到现实中去。大别山革命斗争史,既是人民军队的发展史,也是我军根本建军原则不断丰富、完善和发展的过程。向青年学员灌输"军魂"意识,重点要把这个根本原则的实践形式讲清楚,包括党通过什么样的形式实现绝对领导、实现怎么样的领导;官兵怎么才是对党忠诚、听党指挥等,让学员们在搞懂"是什么""为什么"的基础上,还要知道"怎么做",从实践的角度保持对"军魂"的高度认同。党对军队的绝对领导,是通过实施政治上、思想上和组织上的领导来进行的。表现在政治上,就是要求官兵自觉与党中央、中央军委和习主席保持高度一致,坚定拥护和执行党的宗旨、路线方针政策,严守党的政治纪律;表现在思想上,就是要求官兵自觉用党的创新理论武装头脑、指导行动等等。

二、坚持用野营拉练这种有效形式帮助学员锤炼意志品质,锻造适应机务工作要求的过硬本领和作风

青年学员是空军部队未来建设发展的主力军,学员在校学习阶段,也是世界观、人生观、价值观成长和定型的重要时期,他们在校期间打下什么样的思想基础,将直接影响到航空兵部队特别是机务部队建设水平。同时,青年学员出生在改革开放以后,相比老一代空军机务工作者,对新知识、新事物接受更快,但是对党史军史和其中蕴含的我党我军优良传统知之不多,加上这一代青年人成长的环境与过去大不相同,大多数渴望有机会在艰苦的环境中接受磨砺和锻炼。每次在野外拉练出发前,不少学员在学院论坛上发帖、留言,表达出对野营拉练既期待又紧张的情感,期待的是能够有这样一个机会接受锻炼,紧张的是不知道自己能不能顺利完成任务,让人看了很有感触。传统教育和野营拉练活动正是在这样的背景下展开的,34年间,这项"砺剑工程"从未间断,起到了一般教育难以替代的效果。拉练部队从当年鄂豫皖苏区红军长征出发地开始,先后走过大别山区2省3县8镇近300里路程。拉练路上先后沿红军跋涉路线开展

山地行军、负重急行军等科目,学员们全副武装,在演练科目中体验红军战斗生活、磨炼过硬意志品质。一路上,各级领导干部靠前指挥,不少队干部坚持与学员们一起走完全程,特别是我们五系两个教研室主任、一系新调来两个教员,给学员们以极大鼓舞,使他们从事机务工作的能力素质得到了锻炼、信心得到了增强。

在"砺剑工程"中砥砺官兵,要求把传统教育和野营拉练活动与履行历史使命、培育战斗精神结合起来展开。大别山老区几十年的革命斗争史充分说明,我军发展壮大的历史,是在不同时期圆满完成不同历史使命的过程;老区人民不屈不挠的战斗故事充分说明,我军发展壮大的历史,还是一部创造战斗精神、实践战斗精神、发展战斗精神的历史。能否有效履行使命任务向上联系着党的执政地位、国家兴衰成败,向下联系着每名官兵的岗位职责、肩负任务,能否充分发扬战斗精神则关乎部队士气和战争胜败,这在当前围绕我国周边领土、岛屿的争端日趋激烈的情况下显得尤其重要。空军部队全疆部署、全域展开,无论哪个方向出现情况,空军部队都首当其冲、首战必用。官兵如果没有过硬本领素质和强大战斗意志,履行使命就是一句空话。这就要求我们必须用好传统教育和野营拉练这个载体,在培育学员精武强能、锤炼本领的使命意识上下功夫,在激发学员闻战则喜、闻难则喜的战斗精神上想办法,教育引导学员从大别山老区革命斗争史和野营拉练的红色实践中汲取智慧、勇气和力量,在校期间苦练专业技术本领,到部队后成为不辱新时代使命任务的精武标兵。

在"砺剑工程"中砥砺官兵,要求把继承我党我军优良传统与弘扬机务行业优良传统结合起来进行。革命战争年代,大别山军民在极端困难、异常艰苦的环境中,凭着对党的赤胆忠诚、对革命事业的必胜信念,在崇山峻岭中坚持武装斗争,留下了艰苦奋斗、无私奉献等优良传统和作风。在长期革命斗争实践中形成的我党我军优良传统,是我军特有的强大政治优势,是体现无产阶级先进思想、符合历史发展方向的宝贵精神财富,在革命战争年代是克敌制胜的法宝,在今天依然是激励我们不懈努力的动力。人民空军在陆军部队的基础上组建,和陆军一样是红军的传人,我军第一架飞机列宁号也出自鄂豫皖革命根据地。因此,空军航空机务行业的优良传统,同我党我军优良传统之间,存在着内在的辩证统一关系。在新时代锤炼学员过硬作风品质,必须在保持和发扬我党我军优良传统上下更大功夫,用革命先辈艰苦奋斗的精神激励学员在机务工作实践中树立吃苦耐劳的实干意识、用大别山红军将士不屈不挠的精神激励学员在机务工作实践中树立英勇顽强的拼搏意识、用大别山军民勇于牺牲的精神激励学员在机务工作实践中树立乐于付出的奉献意识,夯实青年学员热爱空军、扎根机务,在本职岗位上建功立业的思想基础。

在"砺剑工程"中砥砺官兵,要求把锤炼过硬作风与开展"三爱两耐一树立"教育、践行机务学员核心价值观实践要求结合起来实施。学院转为任职教育和士官学校后,人才培养的岗位指向性更强,衡量培训对象是否合格的检验标准更加清晰明确。野营拉练作为机务学员入校后第一次大考,既包含了对身体素质的挑战,也包含对意志品质的检验,还包含着对思想作风的锤炼,这些也是航空装备保障事业对机务工作者提出的标准要求。这个标准要求反映到具体层面,就是能够耐得住严寒酷暑的艰辛、耐得住孤寂乏味的煎熬,以刻苦严谨、极端负责的精神,维护好每一架飞机、保障好每一次起落。因此,我们在组织野营拉练的过程中,必须注重突出这方面内容的教育引导,帮助学员在拉练中体验革命先辈战斗生活的同时,深刻感受机务行业的作风要求,树立起与从事机务工作相适应的人生态度和价值观念,用干机务的顽强作风接受拉练路上的身心素质考验、用干机务的端正态度对待拉练路上的意志品质磨炼、用干机务的工作标准和实践要求应对拉练路上的种种困难问题,像当年的红军那样一步一个脚印地走好入伍入学第一步。

三、坚持用大别山老区建设发展的最新成就激励学员感受科学理论的巨大实践威力,不断坚定中国特色社会主义理想信念

20世纪80年代中后期,正是资产阶级自由化思想一度泛滥的时期,一些人极力鼓吹资本主义制度的优越性,推崇西方政治体制、思维方式和价值观念,"西方的月亮比中国圆"的论调甚嚣尘上。面对错误思潮的影响冲击,部分官兵对为什么要坚持社会主义、怎样建设社会主义认识模糊,理想信念面临严峻挑战。另外一个背景是,随着改革开放刚刚起步,社会主义市场经济开

始发展,有的同志对坚持开展传统教育产生怀疑,认为"老传统与改革开放不合拍、与解放思想不一致"。针对这种情况,当时的学院党委作出了赴革命老区开展传统教育和野营拉练的决策。此后,学院历届党委始终保持着这份政治上的清醒和坚定,34年来,尽管社会环境在变、拉练科目在变、官兵构成在变,但"坚定理想信念,熔铸精神支柱"始终是传统教育和野营拉练不变的课题。今天,来自思想舆论领域的风险挑战复杂多变,既有非马克思主义、反马克思主义的东西,还有伪马克思主义的东西,种种"左"的和"右"的错误思潮影响干扰着我们培育中国特色社会主义坚定举旗人的工作。

用"培志工程"哺育坚定举旗人,必须教育和引导官兵从科学理论的视角看待老区发展成就,进一步坚定对中国特色社会主义理论体系的信仰。34年来,每年拉练队伍走过大别山区,都会感受到新的变化。拉练队伍曾经走过的公路从泥巴路变成沙土路,又变成水泥路、柏油路,拉练队伍曾经参观过的企业、品牌从无到有、从默默无闻到驰名中外……老区建设发展的历程,也是中国特色社会主义理论体系发展完善的过程。在这个理论体系的引领下,老区人民把革命战争年代"三不要"精神,转化成为为全面建成小康社会奋斗时期的"三要"精神,令历届拉练官兵倍感振奋。老区的发展成就是最有感染力的国情教材,引导官兵从理论的视角看待发展,就是要深刻认清马克思主义同中国具体实际一经结合,就能够焕发出巨大的理论活力和实践威力;老区的发展成就是最有说服力的理论教材,引导官兵从理论的视角看待发展,就是要深刻认清"中国特色社会主义理论体系是指导党和人民沿着中国特色社会主义道路实现中华民族伟大复兴的正确理论"；老区的发展成就是最有号召力的政治教材，引导官兵从理论的视角看待发展，就是要深刻认清在中国这样一个十几亿人口的发展中大国建设什么样的社会主义、怎样建设社会主义，建设什么样的党、怎样建设党，实现什么样的发展、怎样发展等一系列重大问题。

用"培志工程"哺育坚定举旗人，必须教育和引导官兵从改革开放的原点认识老区发展成就，进一步坚定走中国特色社会主义道路的信心。从显微镜的角度解剖"麻雀"，目的是以小见大。传统教育和野营拉练头几年，新县是个什么样子。一个山区小县城，没几幢像样的建筑。现在我们再去新县，又是另一番景象。一个小小的新县，折射出的是整个国家发展变化的过程。大家想一想，全国几千个县城、几亿人口的变化汇聚起来，是多么了不起的成就。这些是改革开放带来的，是开展"传承红色基因，担当强军重任"最鲜活、最生动、最有力的例证。同时，我们用望远镜的视野看待发展，目的是让官兵们认识到，学院传统教育和野营拉练开展了34年，与改革开放的伟大历程也重合了34年，可以说一届届官兵在这34年里，逐年见证着改革开放的历史进程，逐年感悟着"我国过去40多年的快速发展靠的是改革开放"的正确论断、"只有改革开放才能发展中国、发展社会主义、发展马克思主义"的科学真理，也逐年坚定了"我国未来发展也必须坚定不移依靠改革开放"的信心。因此，大别山革命老区建设发展的成就是全中国改革开放成就的一个缩影，必将继续成为我们培养坚定举旗人的有力助推。

用"培志工程"哺育坚定举旗人，必须教育和引导官兵从排除干扰的角度考察老区发展成就，进一步坚定高举中国特色社会主义伟大旗帜的信念。从 19 世纪 40 年代到 20 世纪初，中国人民就一直寻找救国图强道路，结果都失败了，直到中国共产党人找到了马克思主义，才实现了民族独立和人民解放，开始在社会主义道路上实现中华民族的伟大复兴。鄂豫皖老区的革命、建设和改革的实践也一再证明了这一点。1987 年 10 月，邓小平会见匈牙利社会主义工人党总书记卡达尔，曾经忠告他：不要照搬西方。后来卡达尔受到党内排斥，最后没坚守住，匈牙利成为东欧剧变中倒下的国家之一。而中国始终高举着中国特色社会主义伟大旗帜，取得了举世瞩目的成就。因此，我们不需要走别的什么路、举别的什么旗、羡慕别的什么主义主张，只要我们坚定自己的特色理想，走好自己的特色道路，认真办好自己的事情，谁也奈何不了我们。对于我们官兵而言，树牢高举旗帜的意识，就是要落实到进一步坚定对马克思主义的信仰、对中国特色社会主义的信念、对改革开放和现代化建设的信心、对以习近平同志为核心的党中央的信赖，把兵心凝聚在中国特色社会主义伟大旗帜下，有效履行新时代使命任务上。

利用大别山红色资源开展传统教育和野营拉练作为学院的创举，34 年来不但成为学院的教育品牌，也成为历届毕业学员对航院生活印象最深刻的记忆之一，不少学员在谈到这段回忆时，都深情地说"一周教育，终身受益"。

（根据空军第一航空学院政治部编印的《春华秋实》2012 年思想政治建设巡礼摘编）

大别山干部学院

近年来,设立在鄂豫皖苏区首府(河南省信阳市新县)的大别山干部学院,充分发挥地处大别山、红色资源丰富的优势,把大别山红色资源作为加强党员干部学员党性教育、理想信念教育的生动教材,引导学员深入学习党史军史,并结合时代要求,强化大别山精神理论研究,强化体验式学习、强化创新式学习,探索形成了大别山红色基因代代传的方式方法,取得了良好效果。

讲好大别山红色故事[①]
——大别山干部学院依托优势资源打造精品课程弘扬大别山精神

穿红军服、唱红军歌、走红军"志仁小道";观看学院老师自编自导自演的舞台剧《红色大别山》;红军后代黄德跃,讲述其一家6人参加革命、3人英勇牺牲的故事……在大别山干部学院官网"学员在线"版块,来此参加培训见学的学员纷纷写下体会,抒发着对"坚守信念、胸怀全局、团结奋斗、勇当前锋"的大别山精神的理解与感悟。

[①] 林志成:《讲好大别山红色故事——大别山干部学院依托优势资源打造精品课程弘扬大别山精神》,《中国国防报》,2020年01月08日01版。

2019年9月,习近平总书记在河南考察时指出,鄂豫皖苏区根据地是我们党的重要建党基地,焦裕禄精神、红旗渠精神、大别山精神等都是我们党的宝贵精神财富。如何让大别山精神所蕴含的红色基因代代相传?大别山干部学院自2013年建院以来,进行了多年探索。学院将大别山精神融入教学各个环节,初步形成了"大别山红旗不倒"访谈式教学、"真实的记忆、真切的感动"红色故事会、"红色足迹"体验式教学、"体农时、知农情、干农活、进农家"体察式进村入户"接地气"教学、参观红安七里坪革命旧址等课程,让学员受到熏陶和洗礼。

河南省新县检察院退休检察官黄德跃一家在当地被称为"满门忠烈"。黄德跃的外祖母晏春山、爷爷黄本富、小爷黄成香都是为革命牺牲的烈士,外祖父潘家年、父亲黄世祥、母亲潘凤英都是老红军。战争年代,革命先辈浴血奋战,为新中国的建立作出卓越贡献和巨大牺牲。新中国成立后,幸存下来的黄世祥和潘凤英夫妇没有留在大城市工作,也没有向组织要优厚的待遇,毅然回老家当起了农民。

如今,黄德跃是大别山精神宣讲团的成员。着眼于讲好"党的故事、革命的故事、根据地的故事、英雄和烈士的故事",大别山干部学院成立了这支队伍,红军后代、革命烈士家属、党史专家纷纷加入。参观见学中,黄德跃通过访谈形式讲述的《大别山满门忠烈一家人》的故事,深深感染着学员。不少学员在感言中提到这样的讲述方式,大赞"有感染力、有说服力"。截至目前,黄德跃等宣讲团成员每年宣讲红色故事300余场。

在"诵读红色经典、传承革命精神"互动教学中,授课教师讲评革命书信时难抑真情、泪流满面的一幕让学员程盛备受震撼。他在学习体会中这样写道:"那一刻我备受震撼,能够跨越历史直击新时代年轻人的心灵,朴实无华中迸发出的信仰的力量是何等的强大!"在参观"红田惨案"旧址中,学员李爽说,听着老师深情而凝重地讲述当地农民自卫军和义勇军的光辉事迹,心里就像压着一块巨石一样沉重,"正是无数先烈用鲜血和生命换来了革命胜利,换来了我们今天的美好生活。"

与军队院校合作办学,军队院校学员来学院接受革命传统教育是大别山干部学院又一亮眼做法。2015年,国防大学大别山教学基地在大别山干部学院成立,开始了国防大学等军事院校在学院进行"红色寻根,铸牢军魂"的实践教学。以此为契机,学院将军队院校教授专家纳入师资库,聘请他们给地方学员讲授我军优良传统,宣传强国强军时代要求,使地方学员增强国防意识和国防观念。

"虽然革命斗争已成为历史,但大别山精神却不因岁月流逝而褪色、不因时代变迁而黯淡。我们持续创新形式、研发精品课程,就是为了让大别山精神在新时代焕发光芒,把大别山地区红色资源利用好、红色传统发扬好、红色基因传承好。"大别山干部学院领导介绍。

大别山干部学院深挖"红色富矿" 讲好红色故事[①]

"穿红军装、走红军路、诵读红色家书、重温入党誓词……一堂堂生动的课程,一个个感人的故事,一次次深刻的体验,触动之大、感悟之多、体会之深,前所未有。"2020年6月16日,河南省信阳市检察机关综合素能提升培训班学员沈芳回忆起20天前在大别山干部学院的培训,依然感慨万千。

这是大别山干部学院深挖"红色富矿"、讲好红色故事、传承红色文化的一个缩影。

为进一步贯彻落实习近平总书记视察河南重要讲话精神和加快河南大别山革命老区振兴发展工作会议精神,为信阳建设"全国知名的红色文化传承区"添砖加瓦、凝心聚力,大别山干部学院学在前、研在前、谋在前、干在前,成立了16个攻坚小组,以重点任务攻坚来落实总书记重要讲话精神、解决制约学院发展的突出问题。

大别山干部学院充分发挥学院作为大别山精神研究中心的作用,积极参与组建大别山精神研究会、大别山精神研究院等研究平台,定期举办大别山精神研究论坛等活动,深挖大别山革命史和大别山精神等基础课题研究,推动大别山精神研究走深走实。

"大别山干部学院开班第一课",如今已成为最受学员欢迎

[①] "河南两学一做"微信公众号,发布时间:2020年06月23日。

的课程之一。作为所有学员入院培训的必修课,"开班第一课"让学员们深刻感悟总书记的老区情怀、人民情怀,追根溯源守初心、感恩奋进担使命。

为创新红色故事的讲述方式和表达途径,大别山干部学院打造"重走总书记考察线路、感受老区发展变化"经典教学线路,将总书记考察过的田铺大塆、司马光油茶园等地打造成学院经典现场教学点,纳入培训班次的教学计划,同步开发了"传统村落的小康图景——乡村振兴的田铺实践""英雄山上说英雄"等多个精品课程。

学习弘扬大别山精神,重在推动工作。大别山干部学院对全市红色资源进行有效整合,推广现有的办学经验,形成以干部学院为龙头,各县区优势互补、特色鲜明的红色教育培训大格局,推动资源优势变为发展优势、红色教育引领红色产业。2020年6月9日,大别山干部学院固始教学基地揭牌,全市红色教育规范化、集团化发展迈出实质性步伐。

一寸山河一寸血。大别山革命老区留下了大量红色旧址,其中仅信阳市就有709处革命遗址、遗迹、纪念地。大别山干部学院深挖这些弥足珍贵的"红色富矿",充分利用分布在全市各县区和湖北省武汉、红安、大悟等地的45个常用现场教学点,将大别山精神融入教学各个环节,打造了课堂教学、现场教学、体验教学、互动教学、访谈教学、情景教学等11大类130余门课组成的课程体系,放大红色基因库的教育功能,让红色基因融入血脉,让大别山精神深入人心。成立7年来,大别山干部学院已累计培训学员23万多人次。

安徽金寨干部学院

安徽省金寨县是全国著名的革命老区,近年来,金寨干部学院充分利用大别山红色资源,开展形式多样的党史学习教育,让广大党员干部坚定理想信念,传承大别山红色基因。

发挥党校阵地优势 服务党史学习教育

作为全县思想建党、理论强党和干部教育培训的主阵地,近日,安徽金寨干部学院(金寨县委党校)充分发挥自身阵地优势,主动作为、干在实处,多措并举服务党史学习教育。

一、带头深学深思,切实打牢理论思想基础

在党史学习教育中,坚持集体学习与个人自学相结合,理论学习与实践活动相统一,在广大教职工中迅速掀起学习热潮,着力做到学在先、思在前、作表率。将指定党史学习材料纳入校委理论中心组必学内容,依托"三会一课"、主题党日活动等载体,开展种类多样的学习活动,组织教职工收听收看《十万英烈铸两源》《八月桂花遍地开》等红色题材电教片,旁听省直属机关工委讲师团《大别山红土地是一部学习党史的教科书》《践行初心使命,百年恰是风华正茂——中国共产党的非凡奋斗历程》等专题讲座等,为开展党史学习教育奠定坚实的理论和思想基础。

二、突出主责主业,持续深化党史教学培训

主动发挥党校作为党的理论宣传阵地作用,把党史学习教育作为主体班的必修课程,贯穿干部教育培训全过程。先后邀请省委党校和各级专家教授讲授党史专题课程。大力推进党史学习教育专题党课开发,筹备党史专题课程。3月份,共开展党史学习教育相关培训20余期,1500多名学员接受党史教育洗礼,砥砺初心使命。

三、加强党史研究,深入挖掘老区红色资源

立足革命老区丰富的红色文化资源,组织全体教职工编纂出版22万字的党性教育教材——《红色沃土 不朽丰碑》。全书将党史学习教育与传承红色基因紧密结合,由"纪念场馆""革命旧址""红色遗址""烈士陵园"四部分组成,包括44篇文章,3篇附录,是党校近十年来现场教学成果的一个总结,也是一本党性教育、党史学习教育、爱国主义教育的教材。调整打造现场教学讲解词,融入党史教育内容,提升学习教育效果。切实做好教学、科研、决策咨询和管理服务等各项工作,深入挖掘该县红色资源,推进党史学习教育走深走实。

(根据人民网——安徽频道,2021年04月02日10:36供稿,编入时略有修改)

安徽金寨用红色资源传承红色基因

2016年4月24日上午,习近平主席来到金寨县红军广场,向革命烈士纪念塔敬献花篮,瞻仰金寨县红军纪念堂,参观金寨县革命博物馆。他深情地说:"一寸山河一寸血,一抔热土一抔魂。回想过去的烽火岁月,金寨人民以大无畏的牺牲精神,为中国革命事业建立了彪炳史册的功勋,我们要沿着革命前辈的足迹继续前行,把红色江山世世代代传下去。"

一、把红色地标打造成现场课堂

该县安排财政专项资金800万元加大对金寨"燕溪小学"旧址、汤家汇镇红军街、燕子河镇六霍起义指挥部等红色革命遗址的整体保护修缮。认定并推报花石乡大湾村、长岭乡乌凤沟烈士陵园、斑竹园镇烈士纪念园等7处新一批爱国主义教育基地。投入资金1000万元,加快金寨县革命烈士陵园入选中华民族文化基因库红色基因库建设。

二、把红色故事打造成鲜活教材

金寨县立足中国革命重要策源地、人民军队重要发源地重要历史地位,扎实开展党史理论研究,编写出版《将军县的初心故事》《红色金寨》等红色书籍4本,创排庐剧《大别山之恋》、广播剧《永远的金刚台》等多部红色文艺作品,组织观看《八月桂花遍地开》红色影视。

三、把红色教育打造成心灵之旅

该县组建党史专家宣讲团、红领巾小喇叭宣讲团,在青少年群体中开展读红色书籍、讲红色故事、唱红色歌曲、写红色征文、体验红色活动等"五红"教育,全县接受革命传统教育的群众达12万人次,广大党员干部在学习中寻找红色脉络,铭记红色历史,接受心灵洗礼。

(根据人民网——安徽频道,2021年03月22日14:15供稿,编入时略有修改)

陆军第83集团军驻大别山某旅

驻大别山某旅在长期革命、建设和改革实践中,坚持用把大别山红色资源利用好、把部队红色传统发扬好、把大别山红色基因传承好,在推进大别山红色基因代代传工程建设的探索实践中,创造了许多好方法、好经验,确保官兵自觉传承大别山红色基因,当好红色传人。

用好大别山红色资源推进"传承红色基因、担当强军重任"落地见效

在"传承红色基因、担当强军重任"主题教育中,坚持用好大别山红色资源,深入学习近平强军思想扎根子、检视和平积弊找靶子、专题学习教育解扣子、融入练兵备战立样子,用会议统领教育、以教育启迪心灵、用讨论找准落点、用措施活化红色基因,为锻造全面过硬铁甲重拳提供了坚强思想政治保证和强大精神动力。

一、用会议打通教育轴线

针对主题教育内容丰富、贯穿全年,部队大部分分散在大别山地区的实际,坚持全旅统一动员部署、统一检查推进、统一总结讲评。统筹部署开好"动员会"。旅召开专题常委会分析主题教育形势、研究主题教育方案;全旅召开"动员部署会"发动官兵

思想、激发教育热情；基层营连进行再动员，召开"细化落实会"落实"规定动作"、细化"自选动作"。提质增效开好"推进会"。在上一专题结束后，下一专题展开前，组织主题教育推进会，讲评阶段成果，部署下步工作。依据官兵看齐追随的纯度、部队练兵备战的热度、推进教育落地的实度来评估主题教育阶段性效果；充分发挥各单位主观能动性，遴选教育效果明显的营连上台交流经验做法，分享优质教育资源；着眼不同阶段教育内容、任务特点、官兵需求，部署下步教育重点，让推进会的"指挥棒"指到哪里，教育就落到哪里。持续深化开好"表彰会"。着眼岗位践行，在"三个区分"上求深化，区分不同基础，结合表彰七一"理论之星"、年度"学习之星"，设立官兵"摸得着"的阶段性目标；区分不同岗位，立起"铁拳先锋""党员示范岗"等学用主题教育的岗位标杆；区分不同层次，开展岗位竞赛，激发各层次官兵当标兵做样板的热情。

二、用教育启迪官兵心灵

有声有色的教育是推进主题教育向深处走、往实里落的重要载体。"四课模式"分层引导。每季度安排部门以上领导组织1次"大课"，每月区分片区安排营主官和优秀连主官组织1次"集中课"，每周由营连干部组织1次"自主课"、由连队理论骨干组织1次"微课"。"三种文化"交织熏陶。打响"重装铁拳"文化，有机融合"神府红军"和"铁血靖宇"精神，以"红色基因代代传"工程为抓手，指导2个红军营和7个红军连开展好"红色基因浇注、红色血脉传承"主题连庆日活动；扎实推进"七个一"传统建设,让铁拳旗帜打起来、铁拳口号叫起来、铁拳品牌树起来。依托驻地红色文化,组织官兵到鄂豫皖革命纪念馆、竹沟革命纪念馆等红色阵地传承红色基因,邀请信阳首席红色解说员为官兵讲解党史军史。结合驻地特色茶文化,把"以茶养廉""精行俭德"等茶文化作为教育素材,把中华民族传统文化精髓作为主题教育的重要补充和辅助,"传统资源"与"特色做法"整体推进。**十项活动全面推动。**以经常性思想政治工作十项活动为平台,重点筹划好"草根讲'习'班"微讲堂、强军思想连"悟"会、"好书引领我成长"读书悟理、军营朗读者等配合活动,抓实"人人上讲台、个个当教员""强军路上话感悟"群众性教育活动,在交流碰撞中相互启迪、凝聚共识。

三、用讨论夯实思想落点

将"和平积弊"大讨论作为主题教育的"主打"实践活动,引导官兵把教育中激发出来的高昂政治热情转化为练兵备战的实际行动。**两级联动一体筹划。**党委机关与基层组织一体筹划,全旅官兵围绕"是当兵谋业还是当兵打仗、是高枕无忧还是枕戈待旦、是应付考核还是战胜敌人、是安于享乐还是甘于奉献"组织"和平积弊'四问'"检讨反思,自上而下人人摆现象、挖根源、查危害、作承诺。**分层剖析精准定位。**

四、用措施活化红色基因

强化系统学习。以《中国共产党的九十年》《我们的队伍向太阳》《全军英模风采录》(2015年总政组织部)、《大别山精神》为基本教材,每月分章节组织领读领学。组织编写"红一师"系列教案集、故事集,每月一个专题,由党员干部为官兵授课辅导。

注重仪式熏陶。每逢新学员下连、新兵下连、年终评先评优,以连为单位组织"入连史"仪式;每季度发展党员、每半年发展团员时,以营为单位组织入党(团)仪式;每年建师纪念日、"八一""十一",组织全旅升国旗仪式。每逢干部、高级士官任职、晋衔,组织晋升(授予)军衔仪式;在干部退役、士兵退伍,组织军人退役仪式;每逢重大演训、重大任务,组织誓师大会仪式。

组织配套活动。重点指导红军连队搞好连队传统精神总结,提炼连魂口号,编印《连史册》;持续开展"走出去、请进来"活动,建立军地协作共育机制,与驻地各类展览、纪念馆等红色场馆建立协作关系,结合节假日、重大纪念活动组织官兵现地参观见学;借助于信阳师范学院师资力量,邀请党史军史专家来部队宣讲大别山精神,让官兵了解掌握我党我军在大别山地区各历史时期所经历的重大事件、所创造的重大思想、所形成的经验教训。广泛开展"读大别山红色书籍、唱大别山红色歌曲、讲大别山红色故事、看大别山红色影视、观大别山红色场馆、当大别山红军传人"活动。每逢建师纪念日、"七一""十一"组织大别山红歌教唱、歌咏比赛;每月组织"大别山红色故事会",让官兵上台讲所学所感；每2月利用1个周五，组织官兵观看大别山红色电影。

创新方法手段。利用网络媒体、微信公众号等平台，营连建立学习交流群，每周推送历史故事、优秀作品、网上展馆供官兵学习浏览。规范使用电子板报，滚动播放《红一师历史专题片——光辉的历程》宣传片、《传奇红一师》宣传片、营史连史宣传片等。开通广播站、电视台，每半月更新1次《星火燎原》融媒体历史故事。培养小讲解员。按照每个连队2名连史讲解员、每个营2名旅史讲解员的标准，各单位自行培养，激发人人学连史旅史、争当小讲解员的热情，旅实施组织评比表彰。

（根据陆军第83集团军驻大别山某旅政治工作部材料摘编）

参考文献

[1] 习近平.论中国共产党历史[M].北京:中央文献出版社,2021.

[2] 鄂豫皖革命根据地编委会.鄂豫皖革命根据地(1—4册)[M].郑州:河南人民出版社,1990:89-120.

[3] 徐向前.历史的回顾[M].北京:解放军出版社,1984:100-200.

[4] 中共河南省委党史资料征集编纂委员会.新县革命史[M].郑州:河南人民出版社,1985:1-163.

[5] 红安县革命史编写领导小组办公室.红安革命歌谣选[M].武汉:武汉大学出版社,1986:1-90.

[6] 中共六安地委党史工作委员会主编.皖西革命史(1919—1949)[M].合肥:安徽人民出版社,1987:54-95.

[7] 河南省委党史研究室、安徽省委党史研究室.鄂豫皖革命根据地史[M].合肥:安徽人民出版社,1998:500-740.

[8] 郭家齐、彭西林.红安县革命史[M].武汉:武汉大学出版社,1987:1-200.

[9] 谭克绳、欧阳植梁.鄂豫皖革命根据地斗争史简编[M].北京:解放军出版社,1987:1-89.

[10] 周质澄、吴少海.鄂豫皖革命根据地财政志[M].武汉:湖北人民出版社,1987:1-120.

[11] 马纯一、罗高松、杭建华.商城革命史[M].郑州:河南人民出版社,1988:1-90.

[12] 袁伟等.土地革命战争时期各地武装起义简介[M].北京:解放军出版社,1988:20-30.

[13] 张耀纶、梁建堂、张耀宗、何辅良.鄂豫皖苏区教育史[M].郑州:河南大学出版社,1988:1-200.

[14] 高开华、陈仁恕、台运行.金寨革命史话[M].合肥:安徽教育出版社,1989:89-97.

[15] 湖北省档案馆、湖北省财政厅.鄂豫皖革命根据地财经史料选编[M].武汉:湖北人民出版社,1989:1-300.

[16] 六霍起义编辑委员会.六霍起义[M].北京:中共党史资料出版社,1989:65-79.

[17] 商南起义编辑委员会.商南起义[M].北京:中共党史资料出版社,1989:30-100.

[18] 中共中央党史研究室.中国共产党的七十年[M].北京:中共中央党史出版社,1991:106-190.

[19] 中共信阳市委党史研究室.信阳革命历史大辞典[M].北京:中国文化出版社,2006:1-201.

[20] 程艳.旅游文化营销运作模式研究[D].华东师范大学。

[21] 吕静.明清时期鄂豫皖交界山区的社会动荡与社会控制[D].武汉大学。

[22] 王志军.大别山区红色历史资源开发研究[D].华中师范大学。

[23] 中共金寨县委党史办公室.金寨县革命烈士[P].1983:63-90.

[24] 金寨县新四军历史研究会、中共金寨县委党史办公室.安徽·金寨——红土地上多精英——金寨县两百二十位名人录[P].2003:1-93.

[25] 肖灵.红色文化新媒体传播探析[J].红色文化学刊,2017(2):9-9.

[26] 张军、张亚琳、刘芳、毛婷、明悦、赵晨晖.解决红色文化传承困境的对策[J].党政干部学刊,2019(05):40-45.

[27] 李景国、李怡轩.马克思主义大众化视野下的红色文化建设思考[J].理论导刊,2013(02):80-82.

[28] 郑昌东.传承红色基因的路径选择研究[J].理论导报,2016(2):2-2.

[29] 齐卫平、柴奕.革命精神和红色文化:中国共产党人政治本色的写照及其传承[J].红色文化学刊,2017(2):9-9.

[30] 胡遵远、张青松、卫红梅、杨晓璐、赵翔.传承红色基因 夯实发展基础——关于做好红色基因传承工作的几点思考[J].文化月刊:下旬刊,2016(12):2-2.

[31] 周静.网络语境下高校红色文化传播的价值及实现路径[J].新闻知识,2011(11):24-26.

[32] 黄保文、韩玲、王员.整体推进激活和传承红色基因工作的思考[J].苏区研究,2015(02):110-117.

[33] 雒亚男.传承红色基因增强文化自信的路径思考[J].兰州教育学院学报,2017(12):3-3.

[34] 本刊综合.习近平谈红色基因传承[J].福建党史月刊,2018(09):64-64.

[35] 习近平.人民军队必须永志不忘的红色血脉[J].新湘评论,2019(15):6-7.

[36] 伍延基、王计平.红色文化遗产的保护与开发对策研究——以福建省为例[J].淮海工学院学报(社会科学版),2008(01):86-88.

[37] 杨炼.论现代立法中的利益衡量[J].时代法学,2010(04):29-34.

[38] 周兴兵.传承红色基因凝聚精神力量 努力为实现党在新时代的强军目标不懈奋斗[J].国防,2018(12):17-19.

[39] 胡征远.习总书记的重要讲话精神在金寨落地生根[J].党史纵览,2016(12):2-2.

[40] 张元婕、汪季石.浅析大别山地区红色文化的历史特色[J].黄冈师范学院学报,2014(01):7-10.

[41] 曹阳.人民军队如何传承红色基因——《传承红色基因实施纲要》解读[J].党课参考,2018(14):60-77.

[42] 杨建辉.试论红色文化在建设社会主义核心价值体系中的价值及其实现途径[J].思想理论教育导刊,2010(11):103-105.

[43] 江峰、汪颖子.中国红色文化生成的系统要素透析——以大别山红色文化为例[J].北京师范大学学报(社会科学版),2010(06):91-99.

[44] 刘泽双、赵毅.大别山精神研究中存在的几个认识误区[J].老区建设,2015(08):11-13.

[45] 渠长根.学习习近平关于红色文化的重要论述[J].社会主义核心价值观研究,2019(02):28-36.

后记

本书是2016年度国家社科基金军事学项目《大别山"红色基因"代代传工程建设研究》（项目编号2016－058）最终研究成果。该项目由卓爱平、吕杰、吴长权、李国亮、王川飞、胡梅生、张维坤、侯阳、王磊、张龙等同志共同完成。本书最后由吴长权、李国亮修改和统稿。

本项目研究过程中，得到了学院首长机关和系、教研室领导的大力支持，使项目得以顺利结题。本书的写作、修改和完成历经三载，得到了国防大学政治学院教授李昆明少将、万能武副教授，国防科技大学电子对抗学院赵林捷副教授、姚家坤副教授，陆军指挥学院张冰教授、李海龙副教授、李大成副教授，陆军炮兵防空兵学院杨家余教授、殷培江副教授，中国科学技术大学出版社副总编辑孔庆勇编审等专家学者的指导帮助，提出了许多宝贵的修改意见。书稿完成后，安徽文史馆馆员、安徽历史文化研究中心主任翁飞博士给予了热情鼓励，并在百忙之中欣然为本书作序。在此，向他们表示衷心的感谢！

后 记

本书由北京师范大学出版集团安徽大学出版社出版,作为向中国共产党百年华诞献礼的图书之一。陆军炮兵防空兵学院政治工作处胡永峰主任、科研学术处王强处长、闫小伟参谋,安徽大学出版社齐宏亮总编辑对本书出版非常关心,给予了大力支持。安徽大学出版社吴泽宇责任编辑对本书编审付出了大量辛劳。同时,在项目研究和本书撰写过程中,吸收借鉴了学术界的相关研究成果。在此,一并向他们致敬并表示诚挚的谢意!

由于作者的学识水平和掌握的资料有限,对大别山红色基因代代传工程建设研究难免存在缺陷和不足,敬请广大专家学者批评指正!

著作者
2021 年 5 月 16 日